장자, 아파트 경비원이 되다

장자, 아파트 경비원이 되다
삶의 지혜를 주는 장자 철학 소설

2017년 2월 5일 1판 1쇄
2019년 4월 5일 1판 5쇄

지은이 김경윤

편집 정은숙, 김혜영   **디자인** 백창훈   **마케팅** 이병규, 양현범, 이장열   **제작** 박흥기
인쇄 코리아피앤피   **제본** J&D바인텍

펴낸이 강맑실   **펴낸곳** (주)사계절출판사
주소 (우)10881 경기도 파주시 회동길 252
전화 031)955-8558, 8588   **전송** 마케팅부 031)955-8595 편집부 031)955-8596
홈페이지 www.sakyejul.co.kr   **전자우편** skj@sakyejul.co.kr
블로그 skjmail.blog.me   **트위터** twitter.com/sakyejul   **페이스북** facebook.com/sakyejul

ⓒ 김경윤 2017

ISBN 979-11-6094-005-3 43150
ISBN 978-89-5828-570-0(세트)

이 도서의 국립중앙도서관 출판예정도서목록(CIP)은 서지정보유통지원시스템 홈페이지
(http://www.seoji.nl.go.kr)와 국가자료공동목록시스템(http://www.nl.go.kr/kolisnet)에서
이용하실 수 있습니다. (CIP제어번호: CIP2017002005)

삶의 지혜를 주는
장자 철학 소설

장자,
아파트 경비원이 되다

김경윤 지음

사□계절

차례

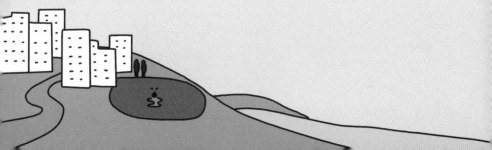

우리 아파트에 새로운 경비 아저씨가 온단다. 경비원을 하던 양씨 아저씨는 그만두었다. 엄마가 "조금만 더 있으면 아저씨 잘릴 거야."라고 했으니까 절묘한 시점에 그만둔 셈이다. 술을 많이 마셔서 아주머니들이 싫어했다는데 엄마에게 듣기로는 그 때문만은 아니었다. 양씨 아저씨는 늘 "난 그러고 싶지 않습니다."라는 말을 입에 달고 살았다고 한다.

한번은 부녀회장이 양씨 아저씨에게 부탁했다.

"양씨 아저씨, 405동 뒷마당 느티나무 꼭대기 까치집 말이에요. 까치 소리 때문에 너무 시끄러워서 공부를 할 수 없다는 민원이 들어왔어요. 그 집 아이가 고3이거든요. 그러니까 그 까치집 좀 치워 주세요."

그러자 양씨 아저씨는 눈을 껌벅이며 말했다.

"난 그러고 싶지 않습니다."

"왜요?"

"나무 꼭대기에 올라가는 것도 너무 위험하고, 까치도 저 살려고 집을 지은 건데 우리가 함부로 철거하면 집 잃은 까치들이 불쌍하기도 하고……."

그 말에 부녀회장은 어이없다는 표정으로 양씨 아저씨를 바라볼 뿐이었고.

또 한 번은 이런 일도 있었다.

"양씨 아저씨, 새로 이사 오는 가족이 있는데 피아노를 옮기려면 일손이 더 필요하다네요. 만 원 드린다고 하니 일손 좀 도우시지요."

부녀회장이 부탁을 했지만, 역시 양씨 아저씨는 이번에도 대번에 거절했다고 한다.

"난 그러고 싶지 않습니다. 늙은 나이에 피아노 옮기다가 병들면 약값도 많이 들고 위험하거든요."

그렇다고 양씨 아저씨가 게으른 것은 아니었다. 친절했고, 경비원이 해야 할 기본적인 일은 열심히 했다. 하지만 딱 거기까지였다. 돈으로 달래고 술로 꾀어도 자기 일이 아니라고 생각하는 것은 절대로 하지 않았다. 특히 위험한 일은 더 그랬다.

그래서 한번은 우리 엄마가 지나가는 말로 물었단다.

"아저씨, 아저씨는 왜 남의 부탁을 잘 안 들어주세요?"

그러자 아저씨는 조용히 대답했다고 한다.

"제가 무작정 남의 부탁을 잘 안 들어주는 게 아니라, 위험한 부탁은 들어주지 않는 거지요. 그리고 나 살자고 남 못살게 구는 짓도 하지 않는 거고요. 이 나이까지 살다 보니 세상에서 제일 소중한 게 제 몸뚱이더라고요. 돈도 지위도 명예도 다 사라지잖아요. 그렇지만 이 몸뚱이는 항상 제 곁에서 저를 살리고 있더라고요. 이 몸뚱이가 망가지면 어디다 하소연할 데도 없어요. 내 몸은 내가 지켜야지요."

제 딴에는 맞는 이야기다. 그나저나 양씨 아저씨가 이제는 뭘 하고 사려나 은근히 걱정된다. 엄마는 양씨 아저씨가 그만두게 되자 지나가는 말로 중얼거렸다.

"양씨 아저씨는 사람은 좋은데 욕심이 너무 없어. 그러니까 이제껏 아파트 경비원이나 하고 계시는 거지만, 쯧쯧……."

나는 속으로 '사람 좋고 욕심이 없으면 경비원이나 하는 거야?'라고 대꾸하고 싶었지만, 입 밖에 내진 않았다. 뒤이어 따라올 엄마의 속사포 잔소리가 듣기 싫었기 때문이다. 그나저나 새로 오는 경비 아저씨는 어떤 분일까?

***

드디어 우리 아파트에 새로운 경비 아저씨가 왔다. 아침에 쓰레기 분리수거를 하느라 엄마 따라 우리 동 앞에 내려갔더니 웬할아버지 한 분이 분리수거를 돕고 있었다. 엄마하고 인사를 나누는 것을 보니 새로 온 경비 아저씨였다. 아니, 60세는 넘어 보이니 아저씨보다는 할아버지라고 부르는 게 더 적절하겠다. 그 할아버지는 아침 식사 시간에 아파트 안내 방송으로 주민들에게 인사를 했다.

"아아, 안녕하십니까? 이번에 새로 405동 경비 일을 맡은 장두루라고 합니다. 일전에 그만둔 양씨하고는 친구 사이인데, 그 친구는 고향으로 내려갔고 제가 대신 경비 일을 맡게 되었습니다. 즐거운 아파트를 만드는 데 최선을 다하겠습니다. 행복한 하루 되십시오."

짧막한 인사말이었지만, 양씨 아저씨가 고향으로 내려갔다는 소식과 장두루 할아버지가 양씨 아저씨와 친구라는 사실을 알게 되었다. 양씨 아저씨가 훨씬 젊어 보였는데 친구라니 신기하다. 아버지가 사회에서는 열 살까지 나이 차이가 나도 친구가 될 수 있다고 했는데, 그래서 친구라고 했나? 그나저나 양씨 아저씨 친구라고 하니까 조금 걱정된다. 유유상종이라고 혹시 이분도 "난 그러고 싶지 않습니다."라고 말하는 거 아닐까?

1

어슬렁거리며
놀아라

해마다 봄이 오면 우리 아파트는 봄맞이 단장을 한다. 부녀회비로 하는 이 단장은 주로 아파트 길가에 늘어서 있는 커다란 화분에 꽃을 심는 일로 시작한다. 꽃은 화훼 단지에서 대량으로 구입하여 심는다. 부녀회장이 지시를 하고 아파트 경비 아저씨들이 품을 파는 이 봄맞이 단장은 하루나 이틀이면 끝나게 돼 있다. 그렇게 순식간에 단장이 끝나면 아파트의 분위기는 겨울과는 다르게 깨끗하고 화사해진다. 학교에서 돌아오는 길에 새로 심어진 꽃들을 보면 괜히 기분이 좋아지는 것이, 우리 엄마가 평소에 "집 안이나 얼굴은 꾸며야 한다."고 한 말이 괜한 소리는 아닌 것 같다.

그런데 올해는 그 꽃들이 보이질 않았다. 대신 화단의 흙을 고르는 할아버지가 있었다. 안내 방송으로 인사했던 장두루 할아버지인 모양이다.

"할아버지, 뭐 하시는 거예요?"

"놀고 있는 화단을 텃밭으로 만들고 있다."

"텃밭을 만들어 뭐하시게요?"

"뭘 하기는. 채소도 심고, 꽃씨도 뿌리려고 그러지."

할아버지 옆에 화가 잔뜩 나 보이는 부녀회장이 서 있었다. 부녀회장은 나와 할아버지의 대화가 못마땅했는지, 아니면 자신을 무시하는 것 같다고 생각했는지 우리의 대화에 끼어들었다.

"아니, 할아버지, 왜 제 말씀을 안 들으세요? 나이도 지긋하신 분이 꽃을 사다가 심으면 되지 왜 굳이 꽃씨를 심겠다고 고집을 피우시냐고요."

묵묵히 일하던 할아버지는 뒤도 돌아보지 않은 채 말했다.

"다 키워 놓은 남의 집 자식 데려다가 사는 거하고, 내 정성 들여 자식을 낳아 기르는 거하고는 같은 게 아닙니다."

부녀회장은 여전히 뽀족 눈을 하고서 따지고 들었다.

"여태까지 우리 아파트는 봄이 되면 꽃을 사다가 심었어요. 아파트 경비로 취직을 하셨으면 아파트 규칙을 따르셔야지 할아버지 마음대로 하시는 게 어디 있어요?"

"그 규칙이라는 게 다 아파트 잘되라고 있는 거 아닙니까? 제가 보기에는 다 키워 놓은 꽃을 사다가 심는 것보다는 꽃씨를 뿌려서 물도 주고 거름도 주고 키우는 것이 아파트에 살고 있는 어린이들에게도 교육적이고, 진짜로 생명을 키우는 거지요. 뭐든지 돈으로 해결하려 하면 안 돼요."

"아니, 이 할아버지가 지금 누구한테 훈계를 하는 거예요? 아파트 경비원 주제에."

"허허, 아파트 경비원도 사람입니다. 지금 저 아이가 우리 이야기를 다 듣고 있는데 말씀을 조심하셔야지요."

그제야 부녀회장이 옆에 서 있는 나를 보고는 조금 무안해졌는지 "어쨌든 이번 화단 건은 제가 시키는 대로 하세요. 아니면 부녀회의를 소집해서 할아버지 문제를 이야기하겠어요." 하고는 팩하고 사라졌다.

나도 조금은 무안해서 "할아버지, 우리 엄마가 그러는데 아파트에서는 부녀회장님 힘이 세대요." 했다.

그러자 할아버지는 이렇게 말했다.

"힘 센 사람이 다 옳은 건 아니란다. 그러면 깡패나 군인이 가장 옳게? 옳은 것은 옳으니까 옳은 거야."

무슨 말을 하는지 알쏭달쏭했지만, 할아버지 이야기가 맞는 것 같기도 하고 이상하다.

그날 저녁 정말로 아파트 부녀회의가 소집되었다. 엄마는 바쁜데 무슨 회의냐고 투덜거리며 부녀회장이 살고 있는 1003호로 올라갔다. 그러고는 한 시간쯤 지나서 얼굴이 상기된 채로 내려왔다. 나는 궁금해 미칠 지경이었다. 결말이 어떻게 났을까?

"엄마, 어떻게 됐어?"

"뭐가?"

"장두루 할아버지 말이야."

"장두루 할아버지라니? 아! 아파트 경비 할아버지?"

"응. 빨리 얘기 좀 해 봐."

"그 할아버지, 아주 재미난 분이더구나."

"뭐가?"

엄마는 내가 궁금해하는 게 더 재미난지 일부러 뜸을 들이려고 냉장고 문을 열어 물 한 잔을 따라 천천히 마셨다.

"아이, 엄마, 빨리 얘기해 줘. 어떻게 됐냐고!"

"할아버지가 이겼어."

"정말? 어떻게?"

"그 할아버지, 대단하시던데. 본인 문제를 다루는 회의니까 당연히 자신도 참석해야 한다며 들어와서는 일장 연설을 하셨지."

"무슨 말을 하셨는데?"

"무슨 말을 하셨는지는 차차 이야기하고, 어쨌든 그 이야기를 들은 부녀회원들이 할아버지 편을 들게 되었다는 거야. 그래서 도도하기 그지없는 부녀회장이 없었던 이야기로 하자며 회의를 끝냈지. 그 장면을 보고 있던 부녀회원들은 속으로 아마 꽤나 고소했을 거야."

"왜요?"

"그 부녀회장이 우리랑 비슷한 처지면서도 자기는 명문대를 나왔다는 둥, 자식들은 모두 유학 가서 공부해 가지고 시집 장가를 잘 갔다는 둥, 사위는 무슨 대기업 부장이라는 둥 자기 자랑을 시도 때도 없이 했거든. 그러면서 우리를 무시하는 것 같은 말도

"아, 그러니까 쓸모가 없어서 오랫동안 살 수 있는 거군요."

"맞았다. 쓸모가 없어서 장수하는 나무가 바로 굽은 나무지."

"뭔가 알 것 같아요."

"사람들은 쓸모 있는 것만 찾지만, 사실은 쓸모없는 것도 소중한 거야."

"네? 쓸모없는 게 소중한 거라고요?"

평소 나는 내가 쓸모없다고 생각했는데, 지금 할아버지는 쓸모없는 것도 소중하다고 말한다. 알 듯도 하고 모를 듯도 하다. 알쏭달쏭하다. 하지만 가슴 한편이 따뜻해지는 것 같았다. 할아버지는 알쏭달쏭한 말로 남을 감동시키는 희한한 재주가 있는 것 같다.

"그런데 쓸모 있다, 쓸모없다는 기준은 뭘로 정하지?"

'아, 할아버지, 이제 그만해요' 하고 말하고 싶다. 하지만 할아버지는 집요하게 나를 쳐다본다.

"그건 그러니까 쓸모 있으니까 쓸모 있다고 하고, 쓸모없으니까 쓸모없다고 하는 거니까 기준이 쓸모 아닐까요, 아닌가?"

"잘 생각해 봐."

잘 생각해 보기 싫다.

"잘 모르겠어요."

"대답하기 귀찮구나. 아니지, 생각하기 귀찮구나."

"네, 머리가 터질 것 같아요."

"알았다, 그럼 단답형으로 가자."

"부채는 쓸모 있니?"

"당연하죠. 여름에 부채로 부치면 시원하잖아요."

"그럼 겨울에는?"

"그때는…… 쓸모없겠죠."

"그럼 부채의 쓸모는 계절이 정하는 거구나."

"그러네요."

"그럼 이번에는 다른 사례를 들어 보자. 젓가락은 쓸모 있을까?"

"당연하죠. 젓가락이 있으면 밥도 반찬도 먹을 수 있잖아요."

"밥이나 반찬이 없으면?"

"그때는 쓸모가 없겠죠."

"정말?"

"정말이라뇨?"

"나는 싱크대 배수구가 막혔을 때 젓가락을 이용해서 뚫기도 하고, 201호 아주머니는 젓가락을 비녀처럼 사용하기도 하고, 내 친구 하나는 젓가락으로 노래 장단을 맞추기도 한단다. 이런데도 쓸모가 없을까?"

"오호, 그런 쓸모가 있네요."

"그렇지. 그렇다면 쓸모를 정하는 기준은 어떤 조건이나 그것을 사용하는 사람의 능력에 있지 않을까?"

"전기가 없어서 스마트폰도 쓸모없어지는 경우나, 밥이 없어도 젓가락을 사용하는 것처럼요?"

"그렇지."

"근사한데요."

"그러니까 시험 한 번 망쳤다고 자신이 쓸모없다고 여기는 건 어리석은 일이야. 너의 쓸모는 시험이 정하는 게 아니라 너 자신이 정하는 거니까."

"……"

나는 번개를 맞은 것 같았다. 할아버지는 시험을 망치고 비관하는 나를 보고 이토록 집요하게 질문을 던진 것이다. 눈시울이 뜨거워졌다.

"아이쿠, 이제 해도 기울었으니 텃밭에 난 잡초나 뽑아야겠다."

화단 한쪽에 마련된 텃밭에는 온갖 채소들이 자라고 있었다. 할아버지는 목장갑을 끼고 텃밭으로 들어가 잡초를 뽑았다.

"얘들아, 미안하다. 채소를 키우려면 너희들을 뽑아야겠구나. 이번에는 너희가 채소들의 거름이 되어 주려무나. 다음번에는 내가 너희의 거름이 되어 줄게."

해가 지는 아파트 화단에 그림자가 길게 드리워졌다. 나는 할아버지가 거인처럼 느껴졌다.

*＊＊

아무래도 할아버지의 정체가 몹시 궁금했다. 보통 할아버지는 아니다. 혹시 엄마는 알려나? 나는 급히 집으로 들어가서 가방을 팽개치고, 설거지를 하고 있는 엄마에게 다짜고짜 물었다.

"엄마, 할아버지 뭐 하던 분인지 알아?"

"응? 할아버지? 친할아버지, 외할아버지?"

"아니, 그 할아버지들 말고 경비 할아버지 말이야."

"모르는데. 왜, 할아버지한테 무슨 일이 생겼니?"

"아니, 그건 아니고 그냥."

"그냥이 아닌데? 집에 들어오자마자 묻는 걸 봐선 너, 할아버지하고 뭔 일이 있었구나."

"그게…… 음…… 사실 나 할아버지한테 감동 먹었어. 아무래도 그 할아버지, 보통 할아버지는 아닌 것 같아."

"그래……?"

나는 엄마한테 그동안 할아버지와 나눈 이야기를 들려주었다. 엄마는 이야기를 듣는 중간중간에 "어머!", "정말?", "오호!", "와우!"하며 추임새를 넣었다. 이야기를 다 듣고 나서는 박수까지 치며 감탄했다.

"정말 너하고 할아버지하고 그런 대화를 나눴단 말이야? 민주너 대단한데."

"내가 대단한 게 아니고 할아버지가 대단한 거지."

"하긴, 할아버지가 마치 철학자 같네."

"에이, 무슨 철학자가 아파트 경비를 해요."

"얘는, 아파트 앞에 새로 생긴 빵집 있지? 거기서 빵 만드는 할아버지는 대기업 대표였다던데."

"정말?"

"그래, 정년퇴직하고 제2의 인생을 사신다며 제빵 기술을 배워 빵집을 차리신 거래."

"그래서 그렇게 화환이 많은 거구나. 하지만 그 할아버지는 돈

많은 빵집 주인이고, 경비 할아버지는 가난한 분이잖아. 돈이 있으면 난 절대로 아파트 경비 같은 건 안 할 거야."

"어이쿠, 그러셔요. 돈 많이 벌려면 열심히 공부해야겠네. 공부를 열심히 해야 좋은 대학에 가고, 좋은 대학에 들어가야 좋은 직장에 들어가고, 좋은 직장에 들어가야 돈을 많이 벌 테니까."

"엄마는 꼭 이야기가 기승전공부야. 여태 할아버지랑 한 얘기 듣고 감동까지 했으면서. 도대체 뭐에 감동한 거야?"

"호호호, 내가 그랬나? 하지만 학생한테 공부 얘기는 당연한 거지. 그러면 살림살이 얘기 할까? 직장 얘기 해?"

"하여튼 어른들이란. 에이, 몰라."

나는 내 방으로 얼른 들어갔다. 좋았던 기분이 엄마 얘기 듣고 잡쳤다. 왜 엄마는 만날 공부 얘기만 하는 걸까?

시간이 얼마쯤 흘렀을까. 방 밖에서 엄마 목소리가 들려왔다. 나와서 간식 먹고 학원 가라는 소리였다. 나는 주섬주섬 학원 갈 준비를 하고 방에서 나왔다. 식탁에는 김치전이 놓여 있었다.

"먹을 만큼 먹고, 따로 챙겨 놓은 김치전은 경비 할아버지 갖다 드려. 그리고 할아버지의 정체를 알고 싶으면, 네가 직접 여쭤 보면 되잖아."

엄마 목소리가 부드럽다. 나는 대충 김치전을 찢어 먹고, 랩으로 싼 김치전 접시를 들고 집을 나섰다. 아파트를 나오니 할아버지는 그때까지도 풀을 뽑고 있었다.

"할아버지, 김치전 드세요. 엄마가 갖다 드리래요."

그제야 할아버지는 목장갑을 벗고 수돗가에서 손을 씻고는 경비실 쪽으로 왔다. 나는 할아버지에게 접시를 건넸다. 할아버지는 고맙다고 말한 뒤, 랩을 벗겨 경비실 안쪽 탁자에 놓고 천천히 앉았다. 나는 할아버지를 유심히 관찰했다.

"학원 안 가는 거냐? 너도 들어와 같이 먹을래?"

"아니에요. 저는 집에서 많이 먹었어요."

"그러면 왜 생뚱맞게 서 있는 거지? 뭐 물어볼 게 있니?"

"사실은요……."

할아버지는 젓가락을 탁자에 놓고 나를 쳐다봤다. 나는 용기를 내기로 했다.

"할아버지는 경비 할아버지가 되기 전에 뭐 하셨어요?"

"그건 왜?"

"아니, 아파트 앞에 새로 생긴 빵집 할아버지는 대기업 대표였다는 얘기를 엄마한테 들었거든요. 그래서 할아버지는 뭐 하시던 분인가 궁금해졌어요."

"아, 그 양반? 나도 한 번 만나 봤지."

"두 분이 친구세요?"

"친구는 아니고 같은 아파트에서 먹고사니까 그냥 인사나 나눈 거지, 뭐."

"그랬군요. 그런데 할아버지는 왜 편하게 안 사시고 아파트 경비를 하세요?"

"내가 아파트 경비를 하는 게 이상하냐?"

"아니요, 이상한 건 아니지만 힘들잖아요."

"사는 게 다 그런 거다. 내가 힘들게 살면 남들이 조금 편해지고, 내가 편하게 살면 남들이 힘들어지는 거야."

"저는 편하게 살고 싶은데."

"다들 그러더구나."

"할아버지는 편하게 살고 싶지 않으세요?"

"나는 많이 힘들게 살고 싶지도 않지만, 그냥 편하게 살고 싶지도 않아요. 몸뚱이가 있으니까 몸뚱이를 움직일 수 있는 만큼은 일하고 살아야 사람이지. 내가 해야 할 일을 하지 않으면, 누군가가 나 대신 일을 해야 하는 법이거든. 남들 고생시켜서 자기편하게 사는 걸 도둑놈 심보라고 하는 거다. 그런데 세상엔 그런 사람들이 너무나 많구나."

할아버지가 마치 날 두고 하는 얘기 같아 가슴이 뜨끔했다. 내 방 청소하기 귀찮다고 안 하면 엄마가 다 한다. 쓰레기도 그냥 두면 아빠가 분리해서 처리한다. 갑자기 자리가 어색해져서 나는 할아버지에게 인사를 하고 학원으로 향했다. 한참을 걸어가는데 뭔가 기분이 개운치 않다. 아뿔싸, 할아버지가 전에 뭘 했는지 듣지 못했다. 할아버지가 일부러 대답을 안 한 건가? 모르겠다. 다음에 물어보면 되지, 뭐. 아직 시간은 많으니까.

자유를 향한 비상

『장자』 1편의 제목은 「소요유」(逍遙遊)이다. 풀이하자면 '어슬렁거리며 놀아라'라는 뜻이다. 이 제목은 장자의 정신을 이해할 수 있는 중요한 단서를 제공한다. '소요'는 산책하듯이 어슬렁거리는 것이다. 이는 곧 특정한 목적 없이 살아가는 것으로, 유희 정신과 연관된다. 마지막 한자인 유(遊)가 바로 '놀다'라는 뜻이다.

현대인들은 특정한 목적을 가지고 살아간다. 대개 청소년들은 대학입시, 청년들은 취업, 장년들은 승진과 성공을 향해 달린다. 그리고 자본주의 사회에서는 이 모든 것이 돈으로 연결된다. 돈이 권력과 성공과 지위의 척도이다. 모두가 한 방향으로, 주어진 트랙에 따라 정신없이 달려간다. 거기에는 어떤 유희 정신도 없다.

돈을 따라가는 그 길은 거대해지는 길이 아니라 초라해지는 길이며, 우리를 보잘 것 없는 욕망에 갇혀 살아가게 만드는 길이다. 타인에 대한 배려도, 생명에 대한 존중도 없는 차가운 길. 장자는 그 길이 아닌 다른 길이 있다고 말한다.

북쪽 깊은 바다에 물고기 한 마리가 살았는데, 그 이름을 곤(鯤)이라고 하였습니다. 그 크기가 몇천 리인지 알 수 없었습니다. 이 물고기가 변하여 새가 되었는데, 이름을 붕(鵬)이라고 하였습니다. 그 등 길이가 몇천 리인지 알 수 없었습니다. 한번 기운을 모아 힘차게 날아오르면 날개는 하늘에 드리운 구름 같았습니다. 이 새는 바다 기운이 움직여 물결이 흉흉해지면 남쪽 깊은 바다로 가는데, 그 바다를 예부터 하늘 못이라 하였습니다. (……)

매미와 새끼 비둘기가 그것을 보고 함께 웃으면서 말합니다.

"우리는 한껏 날아 보아야 겨우 느릅나무나 다목나무에 이를 뿐이고, 어떤 때는 거기에도 못 미쳐 땅에 내려앉고 마는데, 구만 리를 날아 남쪽으로 간다니."

『장자』에 처음 나오는 에피소드이다. 매미나 새끼 비둘기는 마치 우리 모습과 같다. 눈앞의 욕망을 따라 살아가는 초라한 존재. 그러나 북쪽 깊은 바다에 살고 있는 곤을 보라. 그는 엄청나게 큰 물고기인데도 바다를 떠나 더 넓은 세상으로 가기 위해 붕이라는 새로 변신한다. 그리고 높이 날아올라 남쪽 깊은 바다로 날아간다. 장자는 절대로 갇히지 않는 자유정신을 이처럼 장엄하게 묘사한 것이다. 그런데 알고 있는가? 곤은 본래 아주 작은 물고기나 물고기의 알을 지칭하는 말이라는 것을. 그는 작은 세계에 갇혀 있는 우리를 거대한 세계로 초대하고 있는 것이다. 장자의 철학은 자유를 향한 항해이자 비상이다.

자유는 갇혀 있지 않은 것이다. 그것은 몸의 문제만이 아니라 정신의 문제이기도 하다. 감옥에 갇혀 있는 사람을 자유인이라고 말하지 않는다. 마찬가지로 특정한 생각에 갇혀 있는 사람도 자유인이 아니다. 특정한 사상, 특정한 가치, 특정한 물건에 사로잡힌 사람은 결코 자유롭지 않다. 다음 대목을 보자.

송나라 사람이 예식 때 쓰는 모자를 잔뜩 가지고 월나라에 팔러 갔습니다. 그러나 월나라 사람들은 모두 머리를 짧게 깎고 문신을 해서 모자가 필요 없었습니다.

요 임금은 세상을 잘 다스려 나라가 태평해지자, 멀리 고야산에 사는 네 스승을 뵈러 갔습니다. 돌아오는 길에 분강 북쪽 기슭에 다다랐을 때, 망연자실해 자기 나라가 있다는 사실을 까맣게 잊어버렸습니다.

모자가 장사가 된다고 생각한 송나라 사람이 모자가 필요 없는 월나라에 가자 아무것도 팔 수 없게 된다. 심지어 태평성대를 이루었다고 알려진 요 임금도 임금 자체가 필요 없는 세상에서는 아무 소용이 없다. 어디 장사와 정치의 문제뿐이겠는가?

혜자가 장자에게 말했습니다.
"위나라 임금이 준 큰 박 씨를 심었더니 거기서 다섯 섬들이 박이 열렸네. 거기다 물을 채웠더니 너무 무거워 들 수가 없었지. 쪼개서 바가지를 만들었더니, 깊이가 없이 납작해서 아무것도 담을 수가 없는데, 크기만 하고 달리 쓸모가 없어 깨뜨려 버렸네."

장자가 말했습니다.

"(……) 자네는 어찌하여 다섯 섬들이 박으로 큰 술통을 만들어 강이나 호수에 띄워 놓고 즐길 생각은 못 하고, 깊이가 너무 얕아서 아무것도 담을 수가 없다고만 걱정했단 말인가? 자네는 아직도 작은 일만 생각하는 꽉 막힌 마음을 가지고 있군."

장자의 친구인 혜자의 관점에서는 전혀 쓸모없는 박이, 장자가 보기에는 너무도 유용한 도구가 된다. 하나만 고집하는 꽉 막힌 마음을 가진 사람은 그 마음에 갇혀 다른 생각을 할 수 없게 된다. 자유인이 아니다. 참자유인은 자신의 막힌 생각을 열고 새로운 생각을 받아들일 수 있는 유연한 사람이다. 그런 참자유인은 특정한 가치에 사로잡혀 점점 좁은 삶을 사는 사람이 아니라, 새로운 세계를 향해 자신을 변화시킬 줄 아는 사람이다.

② 만물은 평등하다

부녀회장이 잔뜩 화가 났다. 언제부턴가 아파트 일을 의논할 때 405동 주민들이 부녀회장인 자신보다는 장두루 할아버지에게 가서 의견을 묻곤 한다는 사실을 알고 불쾌해하던 참에 오늘 사달이 난 것이다. 아파트를 청소하는 아주머니들이 점심 식사를 할 곳이 마땅치 않아 지하 보일러실에서 식사를 했는데, 그 불편을 알게 된 몇몇 주민들이 부녀회장에게 아주머니들이 점심 식사라도 편히 할 수 있는 곳을 마련해 주었으면 하고 건의한 데서 일이 시작되었다.

나도 엄마에게 들어서 안 사실이지만, 청소 아주머니들이 일하고 나서 쉴 곳이 없었다. 점심시간에는 지하 보일러실에서 식사를 하고 쉬곤 했는데, 거기는 공기도 안 좋고 어두워서 불편했다. 그래서 청소 아주머니들이 부녀회장에게 사정을 이야기했더니 매몰차게도 이렇게 말했단다.

"청소하는 분들이 청소하러 오는 거지 쉬러 오는 건 아니잖아요. 쉬는 건 청소 끝나고 집에 가 쉬어야죠. 여긴 복지 기관이 아니니까요."

그 뒤에 다른 주민들이 나서서 청소 아주머니들에게 너무 야박하게 구는 거 아니냐고 항의하자 부녀회장은 오히려 호통을 쳤단다.

"그렇게들 생각하시면 아파트 관리비를 더 내셔야지요. 직원들 복지 시설이다 뭐다 요구 사항을 다 들어주면 그 돈은 누가 내죠? 여러분이 내실 거예요? 괜히 관리비 많이 받는다는 소문이 퍼지면 아파트 값이 떨어질지도 모르는데, 잘 모르면 잠자코 있어요."

엄마도 관리비 올린다는 말에 기가 죽어 별다른 대꾸도 못 하고 속으로만 야박한 사람이라고 생각했단다.

"그래서 어떻게 됐어요? 그냥 그렇게 끝난 거예요?"

"아니, 더 큰 일이 벌어졌어."

"무슨 큰일요?"

"내가 청소 아주머니들 사정도 딱하고 해서 혹시나 장두루 할아버지한테 뭐 좋은 생각이 없나 싶어 경비실에 들러 이야기를 하고 있는데, 그 모습을 부녀회장이 딱 본 거야."

큰일은 큰일이구나. 그분 성깔이 보통이 아닌데…….

"그래서요?"

"부녀회장이 득달같이 달려와서 이러는 거야. '민주 엄마는 지금 누구랑 아파트 문제를 의논하는 거예요? 고작 경비원에게 아파트 문제를 물어요? 저 양반은 여기 사는 분도 아니잖아요. 아파트에 대해서 어떤 권리도 없는 양반이라고요. 가재는 게 편이라고, 저 양반이 편을 들면 누구 편을 들겠어요. 우리 편을 들겠어요, 청소부 편을 들겠어요? 거 웬만큼 배웠다는 교양 있는 분이 왜 그리 앞뒤 분간을 못 해요. 아파트 창피하게시리.'"

"괜히 불똥이 엄마한테 튀었네요."

"그러게 말이다."

부녀회장의 화가 엄마에게만 옮은 것은 아니었다. 부녀회장은 장두루 할아버지한테도 화를 냈단다. 엄마의 증언에 따르면, 부녀회장은 경비 할아버지에게 아파트 문제에 그렇게 관심이 많으면 아예 이곳으로 와서 동 대표로 출마하든지, 아니면 괜히 아파트 문제에 끼어들지 말라고 엄포를 놓았다고 한다. 그러면 할아버지는 잠자코 있으면 좋았을 텐데, 부녀회장의 화에 기름을 끼얹고 말았다.

"내가 남자라 부녀회장은 할 수 없고, 동 대표는 돈을 주고 하라고 해도 안 합니다."

화가 난 부녀회장이 왜냐고 묻자 할아버지는 말했다.

"거 오래전에 우리나라에서 가장 힘세고 오랫동안 대통령을 했던 양반 있잖소. 가만있자, 그 양반 이름이 어떻게 되더라……? 박 뭐시기라고 했던가 뭐라던가. 그 양반이 어떻게 됐는지 아시오?"

"그 대통령 돌아가신 지가 언젠데 지금 과거지사를 들먹이는 거예요?"

"그러게 말이오. 그렇게 부귀와 권세를 한 몸에 누리던 양반도 자신의 힘만 믿다가 말년에 부하한테 총 맞고 죽었잖소. 그런데 그 정도 지위와 힘도 없는 동 대표를 하다가 욕은 욕대로 먹고 신임은 신임대로 잃는 자리를 내가 왜 하겠소. 그냥 나는 아파트 경비 하면서 가늘고 길게 살려고요. 부녀회장님은 권세와 영광을 누리면서 오랫동안 그 자리에 있으시구려."

물론 부녀회장은 얼굴이 붉으락푸르락했다고 한다. 참 용감한 할아버지다. 나 같으면 찍소리도 못 하고 고개 숙이고 있었을 텐데. 엄마는 그 통쾌한 자리에서 웃지도 못하고 있었단다. 물론 나에게 이 이야기를 다 전해 주고는 깔깔 웃었지만.

* * *

엄마가 확인해 본 바로는, 직원 복지 문제는 단지 청소하는 분들에게만 국한된 것이 아니었다. 경비 아저씨들도 아주 열악한 환경에서 근무한다. 아파트 관리 사무소에는 경비원들의 휴게 공간이라고 작은 방이 있긴 했다. 전용 공간은 아니고 주민들 회의 장소로 쓰는 곳인데, 회의가 한 달에 한 번 있고 나머지는 비어 있으니 그곳을 사용하라고 했단다. 하지만 경비 아저씨들이 그곳을 휴게 공간으로 사용하진 못했다. 피곤해서 쉬기라도 하면, 할 일이 얼마나 많은데 쉬느냐고 타박받기 십상이란다.

아버지가 퇴근하고 집에 돌아와 가족끼리 식사하는 자리에서 엄마가 조심스럽게 입을 열었다.

"여보, 우리 아파트에서 일하는 분들 있잖아요, 그분들 복지 조건이 너무 안 좋네요."

"어제오늘 일도 아닌데, 뭐 그리 심각하게 말해요. 마치 모르던 사람처럼."

엄마는 아버지의 시큰둥한 대답에 약간 흥분해서 말했다.

"난 정말 몰랐어요. 그 정도로 심각한 줄은!"

"청소하시는 분들이나 경비 서시는 분들이나 아르바이트 삼아 용돈 벌이나 하려고 일하시는 분들인데, 그분들을 얼마나 챙겨 드려야 하지? 괜히 복지 시설이다 뭐다 이야기가 나오면 아파트 관리비만 오르고, 우리한텐 좋을 게 하나도 없어요. 당신이 끼어든다고 해결되는 것도 아니고."

나 역시 아버지의 무심한 태도에 놀라 엄마의 표정을 살폈다.

"아니, 당신은 어떻게 이야기하는 게 부녀회장하고 똑같아요? 관리비가 오른다, 아파트 이미지만 나빠진다. 완전히 이기적인 말이잖아요. 당신한테 실망했어요."

역시나 엄마가 톡 쏘아붙였다.

아버지는 그제야 사태의 심각성을 제대로 파악한 듯했다.

"괜히 부녀회장한테 화난 거 나한테 풀지 말고 당신 생각을 말해 봐요. 당신이라면 어떻게 하겠소?"

"난 이렇게 생각해요. 첫째, 직원 복지를 한다고 해서 당장 아파트 관리비가 오른다고 생각하지는 않아요. 아파트 경비를 잘

조정해서 쓸데없는 데에 들어가는 비용을 줄이면, 그 비용으로 직원 복지를 위해 쓸 수도 있잖아요. 둘째, 그렇게 해서 직원 복지가 좋아지면 아파트 이미지가 더 좋아질 수도 있지요. 우리 아파트에서 일하시는 분들이 즐겁게 일할 수 있다면 더욱 성의 있게 아파트를 돌보실 거 아니에요. 직원도 좋고 아파트 이미지도 좋아지고 그야말로 일석이조지요."

나는 밥을 먹다 말고 박수를 치며 진심으로 말했다.

"우아, 우리 엄마 대단하신데! 다음번에 부녀회장으로 출마해 봐요. 저도 한 표 찍어 드릴게요."

아버지도 씩 웃으며 말했다.

"너는 아직 투표권이 없어서 안 되고, 내 표는 당신 표!"

그러자 엄마는 돌연 신이 나서 말했다.

"여보, 그러지 말고 당신이 좀 도와줘요. 아파트 경비가 어떻게 쓰이고 있는지 조사하고, 그게 적절한지 파악하려면 당신같이 똑똑한 사람이 도와줘야지요. 숫자 하면 당신이잖아요."

"괜히 애먼 사람 끼어들게 하지 마요. 난 직장 일만 해도 정신이 없는 사람이니까. 다른 사람을 찾아보든지."

아버지가 한발 뒤로 물러서자, 엄마는 아버지를 쳐다보지도 않고 말했다.

"그렇다면 할 수 없네요. 402호 아저씨가 회계사라고 하는데, 그분에게 부탁할까 봐요. 그분은 자상하셔서 아마 잘 도와주실 거예요. 미안해요. 바쁜 사람한테 부탁해서."

엄마 말에 뼈가 있는 것 같았다. 아버지가 엄마의 눈치를 살펴며 말했다.

"아니, 당신이 402호에 사는 남자를 어떻게 알아요? 괜히 잘 알지도 못하는 남에게 부탁해서 거절당하지 말고 당신이 회계 서류를 복사해 주면 내 시간 내서 살펴보리다."

결국 아버지가 백기를 들었다. 엄마의 승리였다!

그날부터 엄마를 비롯한 아파트 아줌마 몇몇이 우리 집을 아지트 삼아 몇 차례 모여 이런저런 이야기를 나누는 게 눈에 띄었다. 가끔 아버지도 자리를 함께했고, 402호 아저씨도 참석했다. 아버지는 그분과 금세 형 아우 하는 친한 사이가 되었다. 덕분에 회의 분위기는 대체로 화기애애했다.

나는 갑자기 비좁아진 집에 있기도 뭣해서 학원 간다는 핑계를 대고 밖으로 나왔다. 사실 오늘은 학원 수업이 없는 날이다. 엄마도 그 사실을 알고 있었지만 밖으로 나가는 걸 말리지 않았다. 밖은 벌써 해가 기울고 있었다. 뭐 딱히 할 일도 없어서 아파트 주위를 산책하는데, 저만치서 장두루 할아버지가 오고 있었다. 나는 달려가 인사를 했다.

"민주구나. 어디 가니?"

"뭐, 딱히 어딜 가는 건 아니에요. 할아버지는 어디 갔다 오세요?"

"아파트 입구에서 주차 관리 하고 오는 길이지."

"아니, 할아버지가 주차 관리도 하세요?"

"주차 관리 하는 사람이 따로 있는 게 아니니까 경비원들이 돌아가면서 하는 거란다."

"우리 아파트에 주차 관리 하는 사람이 따로 없어요?"

"얼마 전까진 있었는데, 아파트 경비를 줄인다고 해고했다더구나."

"그래요?"

나는 아빠나 엄마가 운전하는 차를 가끔 타기는 하지만 아파트의 주차 관리자가 누구인지는 알지 못했다. 할아버지가 우리 동만 관리하는 게 아니라 주차 관리까지 하는 것도 처음 알았다.

"힘들지 않으세요?"

"몇 시간을 조그만 박스 속에서 오가는 차 확인하는 게 편한 일은 아니지. 지금이야 오뉴월이니까 그리 덥지는 않지만, 뜨거운 칠팔월이 되면 어찌 버틸지……."

나는 아파트에 살기만 했지, 아파트가 어떻게 유지되는지 전혀 알지 못했다는 사실을 깨달았다. 내가 책임져야 할 일은 아니지만 조금은 부끄러웠다.

"아파트에서 일하시는 분들이 많은가 봐요."

"그럼, 많지. 경비원도 있고, 청소부도 있고, 보일러공도 있고, 시설 관리사도 있고, 아파트 관리실에서 회계하는 직원도 있고, 관리소장도 있고."

"나는 아파트에 경비원만 일하는 줄 알았는데 정말 많네요."

"그럼, 많고말고. 여기 아파트만 해도 열 동이나 되니, 한 동에 150가구가 사니까 전체 합치면 1,500가구쯤 되지. 한 가구당 두 명만 산다고 해도 3천 명이나 되는 사람들이 사는 셈이니, 옛날로 치면 커다란 동네를 이루고도 남지. 그 사람들이 편안히 살도록 보이지 않게 일하는 직원이 많지 않겠니?"

"우아, 그렇게 계산하니까 우리 아파트에 엄청나게 많은 사람들이 살고 있는 거네요."

할아버지와 이런저런 이야기를 나누며 걷다 보니 어느새 우리 아파트 동 입구에 도착했다.

"아이스크림 하나 줄까?"

할아버지가 경비실 문을 열면서 물었다. 나는 웃으며 고개를 끄덕였다.

"그런데 할아버지는 아이스크림을 좋아하시나 봐요?"

"왜?"

"냉장고에 아이스크림이 끊기질 않잖아요."

"나도 좋아하지만, 손자 같은 아이들을 보면 주고 싶어서 많이 사 놓은 거란다."

"할아버지도 손자가 있으세요? 저는 할아버지가 안 계신데."

"손자는 있지만 멀리 미국에 산단다. 그런데 할아버지는 언제 돌아가셨누?"

"두 분 다 제가 태어나기도 전에 돌아가셨대요. 그래서 저는 사진으로만 뵈었어요."

"저런, 안됐구나. 민주 같은 손주를 보면 꽤나 좋아하셨을 텐데."

"저도 가끔 할아버지가 있는 아이들 보면 부러워요."

"그렇겠구나."

할아버지는 경비실 앞 의자에 앉으며 먼 하늘을 바라보았다. 손자 생각을 하는 것 같았다. 나도 할아버지 옆에 말없이 앉아 아이스크림을 먹으며 하늘을 바라보았다. 저녁 하늘이 붉게 물들고 있었다. 먼저 침묵을 깬 것은 나였다.

"그런데 할아버지?"

"응?"

할아버지는 여전히 하늘을 바라보며 대답했다.

"요즘 우리 집에 우리 동 아주머니들과 아저씨들이 자주 모여요."

"무슨 일로?"

"아파트 직원 복지 문제를 의논하시는 것 같은데요."

"그러냐?"

할아버지는 별 감정을 드러내지 않았다.

"할아버지는 좋지 않으세요?"

"뭐가?"

"할아버지 복지가 나아지면요."

"좋지."

"별로 좋아하지 않으시는 것 같은데요."

"아니, 좋아. 그런데 그러다가 괜히 분란을 일으켜서 아파트 주민끼리 싸울까 봐 걱정이다."

"아, 그래도 싸울 건 싸워야죠. 정의는 승리하는 법이니까요."

"갑자기 민주가 투사가 되었구나. 너는 정의를 뭐라고 생각하는데?"

"정의요? 정의가 정의지, 뭐 다른 게 있나요?"

"그건 동어반복이고, 정의를 정의해 보란 말이다."

"정의를 정의하다뇨? 그러니까 정의를 설명해 보란 말씀이신 가요?"

"그래, 그렇게 말해도 되겠구나. 어디 한번 들어 볼까?"

아, 드디어 할아버지의 책략에 말려들었다. 그냥 아이스크림 이나 먹고 말걸. 영락없이 할아버지와 토론을 하게 생겼다. 갑자 기 후회가 밀려왔다. 하지만 이미 엎지른 물이었다.

"그러니까, 정의란? 으응…… 올바른 거죠. 진실된 거, 참된 거, 거짓되지 않은 거. 으응…… 모르겠어요."

이럴 때는 정직이 최선이다. 모르면 모른다고 말하라고 할아 버지도 전에 말하지 않았던가. 할아버지는 껄껄 웃었다.

"내가 너무 어려운 얘기를 했구나. 그럼 내가 재미난 이야기를 하나 해 주마. 잘 들어 보려무나."

"네."

마음이 홀가분해졌다. 적어도 내가 생각할 필요는 없으니까.

"옛날 옛날 송나라에 저공이라고 원숭이 키우는 사람이 살고 있었다. 원숭이들이 재주를 잘 부리는 덕분에 돈을 벌어 먹고 사 는 사람이었는데, 하루는 이 저공이 기분이 좋아서 원숭이들을 불러 모아 제안을 하나 했지. 도토리를 아침에 세 개, 저녁에 네 개를 주겠다고 말이야. 예전에는 아침에 세 개 주고, 저녁에도 세 개를 줬거든. 그런데 저공의 말을 들은 원숭이들이 모두 화를 내 는 거야."

"왜요? 하나를 더 먹게 생겼는데요."

"그러게 말이다."

"원숭이들이 화를 내다니 말이 안 돼요. 원숭이들이 어리석은 건가요?"

"글쎄다. 그건 모르겠고, 네가 주인이라면 넌 어떻게 하겠니?"

"제가 주인이라면, 저는 원숭이들에게 도리어 화를 낼 거예요. 더 좋은 대우를 해 줬는데도 화를 내다니 말이 안 되잖아요."

"그렇구나."

할아버지는 잠시 말이 없었다. 나는 내가 뭘 잘못했나 생각해 보았다. 하지만 곰곰 생각해 봐도 별로 잘못 대답한 게 없는 것 같았다. 할아버지는 나를 빤히 쳐다보더니 다시 말을 이었다.

"그런데 말이다, 저공은 화를 내지 않았단다."

"정말요? 그럼 어떻게 했는데요?"

"화를 내지 않고 대신 이렇게 말했어. '그러면 도토리는 아침에 네 개, 저녁에 세 개를 주마.' 그랬더니 이번에는 원숭이들이 모두 기뻐하더란다."

"에이, 말도 안 돼요. 아침에 세 개, 저녁에 네 개를 합치면 일곱 개이고, 아침에 네 개, 저녁에 세 개를 줘도 일곱 개인데, 앞의 제안은 화를 내고 뒤의 제안은 기뻐하다뇨. 원숭이들이 어리석은 거 아니에요?"

"그렇게 생각하니?"

"그럼요. 원숭이들이 산수를 못하나 봐요. 그러니까 주인의 잔꾀에 넘어간 거죠."

"그렇구나."

할아버지는 다시 말이 없어졌다. 내가 또 말실수를 한 걸까? 나는 괜히 할아버지에게 미안해졌다.

"제가 잘못 대답했나요? 할아버지 생각은 어떠세요?"

내가 조심스럽게 묻자 할아버지는 나를 그윽하게 바라보며 조용히 말했다.

"이 이야기의 핵심은 원숭이 주인이 아니라 원숭이들에게 있단다. 도대체 원숭이들은 왜 화를 내다가 기뻐했을까?"

"그야 저도 모르죠. 저는 원숭이가 아니니까요."

"그래, 맞다. 너는 원숭이가 아니지."

"그럼요, 저는 사람인걸요."

"누가 뭐라던? 우리는 원숭이가 아니기 때문에 원숭이가 왜 화를 내고, 왜 기뻐했는지 모른단다. 그럼 원숭이 주인인 저공은 원숭이들 마음을 알았을까?"

"글쎄요……. 잘 몰랐을 것 같은데요."

"그래, 아마 저공도 원숭이들 마음을 잘 몰랐을 거야. 하지만 저공은 원숭이가 화를 낼 때 같이 화내지 않고 다른 제안을 하지 않았니? 원숭이가 기뻐하는 제안을 말이야. 그래서 결국은 저공도, 원숭이도 만족하는 결론에 도달한 거지. 둘 다 윈윈(win-win)한 거야."

"저공이 원숭이를 속인 게 아니라 둘 다 윈윈한 거라고요?"

"그렇지."

"잘 모르겠어요. 왜 그게 둘 다 윈윈한 거죠?"

"그게 오늘의 숙제다. 힌트는 원숭이 입장에 서 보는 거야. 맞히면 아이스크림 하나 더 줄게!"

당했다. 지난번처럼.

***

지난번에는 쓸모없음과 쓸모 있음에 대해 질문하더니, 이번에는 원숭이 주인과 원숭이 이야기로 나를 복잡하게 만드는 할아버지가 정말 이상했다. 할아버지는 나를 괴롭히려고 아파트에 취직한 게 아닌가 하는 생각마저 들 정도였다. 내가 원숭이가 아닌데 어떻게 원숭이 입장에 서 보란 말인가?

한결 무거워진 머리를 흔들며 집으로 들어갔다. 어른들의 회의는 얼추 끝나 가는 것 같았다.

"밖에서 안 좋은 일 있었니? 마치 똥 씹은 표정이구나."

엄마가 나를 힐끗 쳐다보며 물었다.

"많고 많은 표현 중에 똥 씹은 표정이 뭐예요? 나 똥 씹어 본 적 없거든요."

나는 엄마를 노려보며 대꾸했다.

"미안. 마치 대변을 시식하시는 표정이라고 말할걸 그랬나?"

엄마는 픽 웃으며 한술 더 떴다. 어른들이 깔깔 웃었다. 도대체 뭐가 웃기단 말인가. 어른들의 유머 감각이 날로 뒤떨어져 간다. 나는 대꾸하지 않고 내 방으로 들어왔다. 밖에서 뭐라 뭐라 웅성거리는 소리가 들렸지만 신경 쓰지 않기로 했다. 보나마나 내가 사춘기에 들어섰다는 둥 좀 더 신경 쓰라는 둥 이야기할 것이다. 하여튼 어른들이란.

어른들이 나가는 소리가 들렸다. 엄마는 내 방문을 두드리며 얼른 나와서 인사하라고 했다. 나는 마지못해 방문을 빼꼼 열고 얼굴만 내민 채 인사했다. 어른들은 서둘러 집을 나갔다. 나는 다시 방문을 닫고 책상 의자에 털썩 주저앉았다.

10분쯤 지났으려나. 엄마가 밖에서 문을 두드리며 부드러운 목소리로 말했다.

"아들, 화 많이 났어? 이리 나와 봐. 어른들이 너 먹으라고 치킨 한 마리 시켜 주고 가셨어."

치킨 소리에 갑자기 배에서 꼬르륵 소리가 울려 퍼졌다. 아, 마음과 따로 노는 내장이여! 나는 슬그머니 일어나 거실로 나갔다. 프라이드 반 양념 반이었다. 내가 좋아하는 ○○○ 치킨이다.

"콜라는?"

엄마가 평소 같으면 살찐다며 잘 안 주던 콜라를 아예 캔째로 주었다. 나는 캔 뚜껑을 따고 콜라를 벌컥벌컥 마셨다. 아버지는 소파에 앉아서 서류를 읽고 있었다.

엄마가 내 옆에 바짝 다가와 앉았다.

"아까는 미안. 밖에서 무슨 일이 있었니? 누구랑 싸웠어?"

"싸우긴 누구랑 싸워. 내가 어린앤가? 그냥 머리가 복잡해서 그랬어."

"아니, 젊디젊은 우리 아들 머리가 왜 복잡할까? 누가 우리 아들 머리를 복잡하게 했을까?"

엄마의 말투에는 여전히 장난기가 섞여 있었다. 엄마가 이렇게 장난치는 걸 보니 회의가 잘 끝난 모양이다.

"누구긴 누구겠어. 장두루 할아버지지."

"아니, 그 자상하신 분이 우리 아들 머리를 복잡하게 했단 말이야? 무슨 일로?"

그래, 엄마한테 물어봐야겠다. 어른들은 머리가 빨리 움직이니까 답을 줄 수 있을지도 모른다. 나는 밖에서 할아버지와 이야기한 내용을 될 수 있는 한 자세히 엄마에게 들려주었다. 엄마는 내 이야기를 듣는 중간중간 '오호' 또는 '음' 따위의 감탄사를 섞어 가며 내 이야기를 경청했다. 내가 이야기를 끝마칠 무렵, 입을 연 건 예상 밖으로 아버지였다. 서류를 읽는 척했지만 내 이야기에 귀를 기울이고 있었던 모양이다.

"원숭이의 입장이라……. 여보, 아무래도 우리가 중요한 걸 놓친 것 같소."

"그래요. 우리끼리 이야기하느라 중요한 걸 놓친 것 같아요."

아버지의 말이 끝나자마자 엄마가 맞장구를 쳤다.

난 도대체 부모님이 무슨 이야기를 하는지 몰라서 두 분을 번갈아 가며 쳐다보았다.

"할아버지 이야기 속에 우리가 놓쳤던 부분을 암시하신 게 있구나. 우리는 여태껏 원숭이 주인 입장에서만 사태를 보았을 뿐, 원숭이 입장에서 보진 못한 것 같다."

아버지가 나를 쳐다보며 말했다. 엄마도 거들었다.

"아버지 말씀은 우리가 아파트 주민 입장에서만 사태를 바라보고 해결하려고 했지, 정작 아파트에서 일하시는 분들 입장은 살펴보지 못했다는 말이야. 그러니까 갑의 입장에서만 보았지, 을의 입장은 몰랐다는 말이지. 이해되니?"

갑과 을? 이건 또 무슨 말인가? 갈수록 태산이었다.

"여보, 나 잠깐 경비 할아버지 좀 보고 올게요."

아버지가 소파에서 일어나자, 엄마는 고개를 끄덕였다. 아버지가 밖으로 나간 사이, 엄마에게 물었다.

"엄마, 아버지는 왜 경비 할아버지를 만나러 가신 거예요? 그리고 엄마는 할아버지 이야기가 무슨 뜻인지 이해가 돼요?"

"그럼. 할아버지께서 우리가 잘못하고 있는 것을 너를 통해 말씀해 주신 것 같구나. 자칫하면 우리가 큰 실수를 저지를 뻔했어. 할아버지 얘기를 해 줘서 정말 고맙다."

"그러니까 할아버지 말씀이 무슨 뜻이냐고요?"

"그래, 찬찬히 말해 줄게. 할아버지가 너에게 말한 원숭이 주인과 원숭이들 이야기는 말이야. 아파트 주민과 아파트 직원 간의 관계를 말하는 거야. 주민이 갑이라면, 직원은 을인 셈이지. 그런데 주민들이 직원 복지를 이야기하면서, 정작 직원들 의견은 전혀 듣지 않았잖아. 그런 상태에서 만약에 우리가 우리 나름의 해결책을 가지고 직원에게 다가갔는데, 직원들이 그 제안을 듣고 화를 내면 우리는 무척 당황스러울 거야. 무슨 말인지 이해되니?"

"네. 엄마가 나를 위한다면서 정작 내 의견은 묻지 않고 학원에 강제로 등록시킨 사건이 떠오르네요."

"어머, 내가 그런 적이 있었니?"

"지난번에 다녔던 스파르타 수학 학원 말이에요."

"어머 애는, 다 지난 이야기를 가지고."

"그러니까 그때 엄마가 갑이고, 내가 을이라는 말이죠?"

"스파르타 학원 얘기는 그만할래? 엄마가 잘못했으니까."

"아하, 그러니까 할아버지 이야기가 다 이해되네요. 엄마는 원숭이 주인이고, 나는 원숭이이고. 엄마는 나 좋으라고 강제로 학원에 등록시키고, 나는 화내고. 딱 이해가 돼요."

"애는……."

"그 학원 때려치우고 다른 학원으로 옮겼을 땐 정말 기뻤어요."

"그랬구나. 네가 기뻤다니 엄마도 기쁘구나."

"서로 윈윈한 거죠."

"윈윈?"

"그런 게 있어요."

나는 갑자기 모든 것이 훤히 이해가 되었다. 원숭이를 위한다고 제멋대로 제안한 주인이나, 나를 위한다고 강제로 학원을 다니게 한 엄마나, 직원의 복지 문제를 해결한다고 주민들끼리만 모여서 한 회의나 모두 힘 있는 갑이 힘없는 을에게 행사하는 또 다른 폭력이 될 수 있다는 것을. 그래서 할아버지가 원숭이 입장에서 바라보라고 한 거구나. 할아버지나 나나 원숭이에 불과했구나. 나는 할아버지와 내가 아주 끈끈하게 연결돼 있다는 생각이 들었다. 이런 걸 어른들 말로 동지애라고 하나?

한참 후에 돌아온 아버지는 직원들과 간담회를 하기로 했다고 전해 주었다. 직원들의 의견을 듣는 설문 조사도 병행하기로 했다고 한다. 아파트의 문제를 일방적으로 풀어 갈 것이 아니라, 서로 의견을 들어 가며 절충하고 양보하면서 해결해 나갈 거란다. 다행이다. 문제의 해결 방법을 제시한 할아버지가 은근히 멋있게 느껴졌다. 할아버지가 내 준 숙제 역시 멋지게 해결한 셈이 되어서 그날 밤은 마음 편히 잘 수 있었다. 그런데 다음 날 아침 사달이 났다.

"아니, 경비원이면 경비원답게 조용히 일이나 하실 것이지, 무슨 권리로 아파트 주민을 선동해서 분란을 만듭니까?"

아침에 학교에 가는데 부녀회장이 장두루 할아버지에게 손가락질을 해 가며 고함을 지르고 있었다. 회의 건이 어젯밤에 부녀회장 귀에도 들어간 모양이었다.

"난 선동한 적 없습니다."

할아버지는 무표정한 얼굴로 아파트 주변을 정리하며 대답했다. 부녀회장의 고함 소리에 아파트 주민들이 하나둘 창문을 열거나 밖으로 나오기 시작했다. 부녀회장은 아파트 게시판에 붙은 직원들과의 간담회 안내문을 손에 쥐고 흔들며 더 크게 목소리를 높였다.

"할아버지가 아니라면 그럼 누가 이런 짓을 해요?"

"그거야 안내문을 쓰신 분에게 물어야지요. 거기 뭐라고 써 있나요?"

안내문에는 '직원 복지를 염려하는 아파트 주민 일동'이라고 쓰여 있었다. 아버지가 작성해서 붙이고 출근한 모양이었다.

"그럼 할아버지는 이번 일에 가담하지 않으셨단 말예요?"

"가담이라뇨? 내가 그럴 만한 처지가 됩니까? 나한테 화내시지 말고 아파트 주민 일동에게 물어보시지요."

"아니, 내가 허락하지도 않은 이런 간담회를 누구 마음대로 열어요?"

"허허, 마치 아파트 전체를 가지고 계신 분처럼 말씀하시네. 그거야 부녀회장님 말고 다른 주민분들인가 보죠."

"아니, 이 양반이. 나도 귀가 있어요. 내 이번 건은 가만있지 않을 테니까 단단히 각오하세요."

"네, 그러죠, 뭐."

부녀회장은 얼굴이 붉으락푸르락해져서 아파트로 들어갔다. 할아버지는 아무 일도 없었다는 듯 청소를 계속하다가 나를 발견하고는 씽긋 웃었다. 나는 할아버지에게 엄지손가락을 척 하고 들어 올렸다. 하지만 내심 걱정이었다. 부녀회장은 지난번 아파트 화단 문제로 장두루 할아버지를 계속 좋지 않은 시선으로 보고 있었다. 아직까지는 별문제 없이 지냈지만, 이번 일로 할아버지가 안 좋은 일을 당할 것 같은 불길한 예감이 들었다. 설마 그럴 리야 없겠지 하고 학교에 왔지만, 수업이 통 귀에 들어오지 않았다.

종례를 마치자마자 부리나케 집으로 달려왔다. 아파트 입구에서부터 분위기가 심상치 않았다. 아파트 주민들이 삼삼오오 모여서 웅성거리고 있었다. 나는 무슨 일이 벌어졌구나 생각하며 주변을 둘러보았다. 마침 엄마가 보였다. 나는 엄마에게 달려가 무슨 일이냐고 물었다. 엄마는 근심스런 표정으로 나지막이 말해 주었다.

"4단지 아파트 경비원이 투신자살을 했대. 지금 방송에서 난리가 났어."

"장두루 할아버지는?"

"할아버지도 이 소식을 전해 듣고 상심이 크셔. 아까운 사람 죽었다며."

"할아버지가 아는 사람이래?"

"잘은 모르는 사람인데, 50이 갓 넘은 아저씨였대."

50이 갓 넘었다면 아버지와 비슷한 나이였다. 나는 스마트폰을 켜고 뉴스를 검색했다. 뉴스 속보로 관련 기사들이 속속 올라오고 있었다.

- ○○○ 아파트 경비원 이모씨(53세), 주민 A씨(70대 여성)의 폭언 및 모독을 견디다 못해 투신자살 시도. 급히 병원으로 옮겼으나 사망
- 최소한의 대우도 받지 못하는 아파트 경비원, 주민들 감사하다는 말도 안 하고 몸종 취급
- 인권 실종 지대, 휴게 시간조차 마음대로 사용 못 하고 식사 때도 눈칫밥
- 경비원은 노예인가? 법에 규정된 감시, 단속 업무뿐 아니라 택배, 쓰레기 분리수거, 주차 등의 업무까지 담당
- 경비원 자살 사태, 주변에서는 아파트 가격 떨어진다며 쉬쉬

- 열악한 노동 조건, 주 77시간, 월 330시간 노동에 임금이라곤 고작 150만 원
- 경비원들 오히려 해고당할까 봐 안절부절, 열악한 노동 현실의 실상

나는 엄마를 쳐다보며 물었다.

"엄마, 택배랑 쓰레기 분리수거, 주차 업무는 경비 아저씨들이 하는 일 아니었어?"

"당연히 하는 일이지."

"그런데 이 기사를 보면 그런 업무는 법에 규정돼 있는 게 아니래."

"정말? 어디?"

나는 해당 기사의 글자를 크게 해서 엄마에게 보여 주었다. 엄마는 기사를 찬찬히 읽으며 '어머, 어머'를 연발했다. 우리가 당연하게 여겼던 경비원들의 일들이 사실은 법으로 정해진 것들이 아니었다. 기사를 보는 엄마의 목덜미가 벌게졌다. 나도 얼굴이 화끈 달아올랐다.

그때 마침 부녀회장이 아파트에서 나왔다. 모여 있던 주민들이 일제히 부녀회장을 쳐다보았다. 부녀회장은 이상한 반응에 눈이 동그래져서 주민들에게 물었다.

"무슨 일이죠?"

"뉴스 못 보셨어요?"

402호 아줌마가 물었다.

"무슨 뉴스요?"

"아파트 경비원 투신자살 뉴스요."

"뭐요? 몇 동에서요?"

"우리 아파트는 아니고요."

"우리 아파트 일도 아닌데 왜들 모여서 수군대고 그래요. 정신 사납게."

"남의 일 같지 않아서요."

"남의 일 같지 않다뇨? 그럼 우리 아파트 경비원이 투신자살이라도 한단 말이에요, 뭐예요?"

"꼭 그런 건 아니지만……."

"다들 할 일 없어요? 남의 아파트 경비원 하나 죽은 문제로 뭐이리 호들갑이에요."

나는 부녀회장의 말에 충격을 받았다. 경비원 한 명 죽는 문제가 중요하지 않단 말인가? 부녀회장은 사람들을 뚫고 지나가며 주변 사람들 들으라는 듯이 중얼거렸다.

"그래서 후진 아파트에 살면 안 된다니까. 압구정동에서는 전자동 경비 시스템을 도입해서 경비원 없는 아파트를 만들었다고 하는데. 원, 동네가 후지다 보니 별일이 다 생기네. 내가 이 동네를 뜨든지 해야지 어디 불안해서 살겠나."

엄마는 내 손을 잡아끌고 급히 집으로 들어왔다. 마치 듣지 말아야 할 이야기를 들은 것처럼 엄마 손이 부르르 떨렸다. 나 역시 어른들의 세계가 무서워졌다. 아, 이 험난한 세상을 어찌 살아야 할까.

그날 저녁, 나는 장두루 할아버지가 걱정돼서 저녁밥도 먹는 둥 마는 둥 하고 경비실로 내려갔다. 다행히 할아버지는 경비실에 있었다.

"할아버지, 소식은 들었어요."

"그랬구나. 요즘은 소문이 참 빠르게 퍼지니까."

"상심이 크시겠어요."

"그러잖아도 근무 시간이 끝나면 영안실에 가 볼 생각이다. 젊은 사람이 아무리 힘들어도 그렇지, 남은 식구들을 생각해야지."

할아버지의 힘없는 목소리에 슬픔이 배어 나왔다. 나는 얼른 화제를 바꾸었다.

"할아버지가 내 주신 숙제 풀었어요."

내가 애써 웃으며 말하자, 할아버지도 따라 웃었다.

"그래, 어디 아이스크림 먹을 자격이 되는지 들어 볼까?"

"그러니까 할아버지가 원숭이 입장에서 보라고 하신 말씀은 약자의 입장을 고려하라는 이야기예요. 아무리 선한 행위도 강자의 입장만 고려하면 안 된다는 거죠."

"어찌 그런 생각을 다 했누?"

"사실 엄마랑 이야기를 하다가 깨달은 건데요. 엄마가 저를 위한다고 강제로 학원에 등록시켜 준 적이 있었어요. 그때 저는 제 입장은 전혀 고려하지 않은 엄마에게 화가 났었거든요. 그래서 원숭이들도 자기들 입장을 고려하지 않은 주인에게 화가 날 수 있겠구나 하고 이해하게 됐어요."

"그렇구나."

"그럼 아이스크림 먹을 자격이 되는 건가요?"

"아이스크림은 주겠다만, 조금은 부족한데."

"그럼 일단 주시고 말씀하시지요."

"그놈 참, 먹는 건 결코 빠뜨리지 않는다니까."

할아버지는 냉동실에 있는 아이스크림 하나를 꺼내 주었다. 나는 얼른 받아서 먹기 시작했다.

"그런데 민주야."

"네."

"너는 원숭이가 약자라고만 생각했지, 주인과 동등하다고 생각해 보지는 않은 것 같구나."

"원숭이하고 주인하고 동등하다고요?"

"그렇지. 우리는 인간이니까 인간을 중심으로 세상을 바라보게 되지. 하지만 만약에 우리가 원숭이라면 원숭이 입장에서 세상을 바라보지 않겠니? 그런데 하늘 입장에서 보자면 인간이나 원숭이나 그저 똑같은 생명 아니냐? 하늘은 인간이라고 해서 더 사랑하고, 원숭이라고 해서 더 미워하지 않겠지?"

"하늘이라면 그렇겠죠."

"민주는 천부인권설이라는 말을 들어 봤겠구나."

"네, 인간의 권리는 하늘이 준 것이라는 이야기요?"

"그래. 인간은 인종이나 성별이나 나이나 학벌이나 지역이나 경제적 지위와 상관없이 모두 평등한 권리를 타고 태어났다는 말이지. 하지만 이 세상이 어디 인간만이 사는 세상이겠니? 나무도 풀도 벌레도 동물도 모두 같이 소중한 생명을 갖고 태어난 거야. 난 세상의 모든 생명은 동등하다고 본단다."

"풀하고 벌레도요?"

"그럼. 풀이나 벌레가 없다면 우리도 없어. 우리가 먹는 음식은 풀이 변해서 된 것이고, 벌레가 없다면 생태계는 파괴되고 말거야. 생태계가 파괴되면 우리 또한 멸망하고 말지."

"말 되네요."

"그렇지, 말이 되지. 그러니까 원숭이가 약자라서 보살펴야 하는 것이 아니라, 인간과 동등한 존재이기 때문에 존중해야 하는 거야."

"우아, 저는 여태껏 그런 생각을 해 본 적이 없어요."

"세상의 강자들은 약자들을 자신과 동등한 존재로 보지 않아. 하지만 하늘의 입장에서 보자면 강자나 약자나 모두 같은 생명이고 평등한 존재인 셈이지. 나는 민주가 약자나 강자의 입장에서 세상을 보지 말고 평등의 관점으로 세상을 바라보았으면 좋겠구나."

"평등의 관점으로……."

"지난번에 내가 이야기했던 원숭이 주인 저공도 평등의 관점으로 원숭이들을 대했단다. 원숭이가 화를 낸다고 덩달아 화내지 않고, 원숭이들을 존중해서 원숭이가 원하는 방법을 찾은 거지. 하늘의 입장에 서서 사는 사람이 바로 저공이야."

"아, 그래서 화를 내지 않고 서로 윈윈하는 방법을 찾았던 거군요."

"옳지. 이제야 민주하고 말이 통하는구나. 그러니 이제 너도 강자를 부러워하지도 말고, 약자를 불쌍히 여기지도 마라. 서로 평등한 존재로 보고 평등하게 대접해 주면 그뿐이야. 너 혹시 이 할아비가 늙고 경비원으로 일한다고 불쌍하게 생각하는 건 아니지?"

"불쌍하긴요, 저는 할아버지를 존경해요. 저도 나이를 먹으면 할아버지처럼 지혜로운 사람이 되고 싶어요."

"어이쿠, 고맙구나."

"아니요, 매번 제가 정말 고마워요. 할아버지 덕분에 많은 것을 배워요."

정말이다. 장두루 할아버지는 보통 사람 같지 않다. 여느 경비원들과도 다르다. 심지어 부녀회장도 할아버지를 함부로 대하지 못한다. 엄마나 아버지도 할아버지에게 지혜를 구한다. 나는 할아버지가 우리 아파트에서 일하는 게 정말 좋다. 가끔 내 머리를 아프게 만드는 건 조금 그렇지만.

세상의 소리에 귀 기울여 보라

『장자』 2편의 제목은 「제물론」(齊物論)이다. 풀이하자면 '만물을 평등하게 보는 이야기'라는 뜻이다. 우리는 인간이라 인간 중심으로만 생각한다. 하지만 우리가 살고 있는 세계는 인간만 살고 있는 것이 아니다. 땅이 있고, 하늘이 있고, 그 사이에 존재하는 만물이 있다. 인간의 관점에서 보자면 인간만 중요하겠지만, 하늘의 관점에서 보자면 모든 만물은 평등하다. 우리는 종종 그 사실을 잊고 산다. 우리 또한 만물의 일부에 불과하다는 사실을.

소리만 해도 그렇다. 인간이 내는 소리가 있겠지만, 땅의 소리도 있고 하늘의 소리도 있다. 땅의 소리와 하늘의 소리에 귀를 기울여 보라. 『장자』 2편은 자기(子綦)와 그의 제자 자유(子游)의 대화로 시작된다. 자기는 자유에게 땅의 소리, 하늘의 소리를 들어 본 적이 있느냐고 물으며 다음과 같이 말한다.

"땅덩어리가 뿜어내는 숨결을 바람이라고 하지. 그것이 불지 않으면 별일 없이 고요하지만, 한번 불면 수많은 구멍에서 온갖 소리가 나지. 너도 그 윙윙하는 소리를 들어 보았을 것이다. 산의 숲이 심하게 움직이면 큰 아름드리 나무의 구멍들, 더러는 코처럼, 더러는 입처럼, 더러는 귀처럼, 더러는 목이 긴 병처럼, 더러는 술잔처럼, 더러는 절구처럼, 더러는 깊은 웅덩이처럼, 더러는 좁은 웅덩이처럼 제각기 생긴 대로 물이 콸콸 흐르는 소리, 화살이 씽씽 나는 소리, 나직이 꾸짖는 소리, 숨을 가늘게 들이켜는 소리, 크게 부르짖는 소리, 울부짖는 소리, 깊은 데서 나오는 듯한 소리, 새가 재잘거리는 소리 등 온갖 소리를 내지. 앞에서 가볍게 우우 하는 소리를 내면 뒤따라 무겁게 우우 하는 소리를 내고, 산들바람이 불면 가볍게 화답하고, 거센 바람이 불면 크게 화답하지. 그러다가 바람이 멎으면 그 모든 구멍은 다시 고요해진다. 너도 저 나무들이 휘청휘청 구부러지거나 살랑살랑 흔들리기도 하는 것을 보았겠지."

자유가 말했습니다.

"땅이 부는 퉁소 소리란 결국 여러 구멍에서 나는 소리군요. 사람이 부는 퉁소 소리는 대나무 퉁소에서 나는 소리인데, 하늘이 부는 퉁소 소리란 무엇입니까?"

자기가 대답했습니다.

"온갖 것에 바람을 모두 다르게 불어넣으니 제 특유한 소리를 내는 것이지. 모두 제 소리를 내고 있다고 하지만, 과연 그 소리를 내게 하는 건 누구겠느냐?"

세상에는 온갖 소리가 그득하다. 저마다 제 소리를 내며 살아간다. 어떤 소리는 오래가고, 어떤 소리는 금세 사라진다. 큰 소리와 작은 소리, 고함 소리와 신음 소리……. 소리와 소리가 만나 화음을 이루기도 하지만, 불협화음이나 소음이 되기도 한다.

우리는 어떤 소리에 귀를 기울이며 살아가고 있는가? 혹시 특정한 소리만 중요하다고 생각하고 다른 소리들은 무시하며 살고 있는 것은 아닌가? TV나 스마트폰에서 나오는 소리에 정신이 팔려 정작 들어야 할 소리를 듣지 못하는 것은 아닌가? 큰 소리에 먹혀 버린 작은 소리, 지배자의 소리에 지워진 소외된 자들의 소리는 들을 수 있는가? 소설에서 우리는 '조삼모사(朝三暮四)' 이야기를 읽었다. 『장자』에 있는 글을 그대로 읽어 보자.

사물이 본래 하나임을 알지 못하고 죽도록 한쪽만을 집착하는 것을 일러 '아침에 셋'이라 한다. '아침에 셋'이란 무슨 뜻인가? 원숭이를 치는 사람이 원숭이에게 도토리를 주면서 '아침에 셋, 저녁에 넷을 주겠다'고 했다. 원숭이들이 모두 성을 냈다. 그러자 그 사람은 '그러면 아침에 넷, 저녁에 셋을 주겠다'고 했다. 원숭이들이 모두 기뻐했다. 명목이나 실질에 아무런 차이가 없는데도 원숭이들은 성을 내다가 기뻐했다. 있는 그대로 인정[因是]해야 한다. 그러므로 성인은 옳고 그름의 양극을 조화시킨다. 그리고 모든 것을 고르게 하는 '하늘의 고름[天鈞]'에 머문다. 이를 일러 '두 길을 걸음[兩行]'이라고 한다.

우리는 사람이라 원숭이를 치는 사람의 입장에서 이야기를 읽는다. 하지만 이 일화에는 두 개의 목소리가 있다. 주인의 소리와 원숭이의 소리. 하늘의 입장에서는 이 두 소리가 평등하다. 다행히도 주인은 원숭이의 소리와 자신의 소리를 평등하게 들을 수 있었다. 그래서 자신과 원숭이 둘 다 만족할 만한 길을 찾았다. 나 아닌 다른 것의 소리에 귀를 기울이는 일, 나 중심이 아니라 만물을 평등하게 바라보고 대접하는 것, 그것이 진정한 자유에 도달하는 길이다. 자유 없는 평등은 억압이다. 평등 없는 자유는 방종이다. 자유와 평등은 동전의 양면과 같아 늘 함께한다.

③

삶을 보살펴라

직원과 주민 간의 간담회가 시작되었다. 점심시간을 이용하여
아파트 관리소에서 이루어진 간담회에는 직원 대표 15인과, 각
동의 대표와 부녀회장, 그 밖에 관심 있는 주민들이 모여들었다.
50명 가까이 모인 간담회는 민주 아버지의 주재로 큰 소란 없이
진행되었다. 매스컴을 떠들썩하게 만들었던 경비원의 자살 사건
때문이었는지, 평소라면 모이지 않았을 주민들까지 관심 어린
표정으로 간담회에서 오가는 이야기를 경청했다. 간담회 내내
부녀회장은 한마디도 하지 않았다. 대신 노트에 뭔가를 꼼꼼하
게 적었다. 장두루 할아버지가 발언할 때는 말없이 노려보았다.
화가 난 것 같기도 하고 뭔가 꿍꿍이가 있는 것 같은 부녀회장의
표정은 주변을 얼어붙게 했다. 하지만 장두루 할아버지는 부녀

회장 눈초리에 아랑곳하지 않고 말을 이어 갔다.

"……제가 하고 싶은 이야기는 이것입니다. 아파트에서 여러분을 위해서 일하는 직원들은 여러분의 하인이 아닙니다. 그분들도 집에 가면 여러분과 똑같은 가정이 있습니다. 어떤 분은 어린 손자의 자상한 할머니이고, 한 대학생의 아버지이며, 아파 누워 있는 남편의 아내이지요. 그 사람이 시간제 근무자냐, 정직원이냐는 중요하지 않습니다. 일하는 시간에 따라 우리의 인격이 달라지지는 않으니까요.

아파트에서 일하는 직원들도 여러분과 똑같은 사람이라고 그냥 생각해 주시기 바랍니다. 사람의 시간을 돈으로 살 수 있는 사회이지만, 사람의 인격은 돈으로 살 수 있는 것이 아닙니다. 여러분이 돈을 지불하는 사람이든, 우리가 돈을 받는 사람이든 마찬가지입니다. 우리 모두는 이 사회의 구성원이고, 시민이고, 집으로 돌아가면 소중한 사람입니다.

그저 여러분이 밖에 나가서 대접받고 싶은 대로 우리를 대해 주었으면 좋겠습니다. 여러분의 가족이 세상에서 대접받고 싶지 않은 일은 우리에게도 시키지 말아 주시기 바랍니다. 서류상으로는 갑과 을이 존재하지만, 인격에는 갑과 을이 없습니다.

이번 일은 아주 간단한 것이었습니다. 여러분이나 여러분 가족은 아파트 지하 보일러실에서 밥을 먹고 쉬는 일을 결코 하고 싶지 않을 것입니다. 그저 편안하게 밥을 먹고 쉴 수 있는 공간을 하나 마련해 달라는 것입니다. 직원들은 일할 의무가 있지만, 휴식할 권리도 있습니다. 여러분이 우리의 의무만을 이야기하고 여러분의 의무를 저버린다면 그것은 공정하지 않습니다. 우리가 열심히 일할 수 있도록 우리에게 편안히 쉴 수 있는 공간을 마련해 주세요. 그게 다입니다. 들어 주셔서 감사합니다."

장두루 할아버지의 이야기가 끝나자, 여기저기에서 박수 소리가 들려왔다. 부녀회장은 아직 순서가 끝나지 않았는데도 장두루 할아버지 발언이 끝나자 밖으로 나가 버렸다. 민주 엄마는 불안한 표정으로 부녀회장이 나가는 것을 지켜보았다.

*＊＊

"엄마, 오늘 간담회는 잘 끝났어요?"

나는 학교에서 돌아오자마자 식탁에 앉으며 물었다.

"일단은 잘 끝났어. 장두루 할아버지의 말씀도 멋졌고."

"그럼 일이 잘 풀리는 거네요."

"글쎄다. 아직은 해야 할 일이 산더미야. 직원들 설문지도 분석해야 하고, 합의점을 찾아서 동 주민 회의를 거쳐 대표자 회의에 상정해야 하고, 어쨌든 절차가 복잡해."

"하여튼 어른들 일이란."

"그런데 한 가지 찜찜한 게……."

"뭔데요?"

"그렇게 직원들에게 쌀쌀맞던 부녀회장이 오늘 아무 말도 하지 않았다는 거야."

"할 말씀이 없었나 보죠."

"아니, 눈초리가 심상치 않았어. 뭔가 있는 것 같은데."

"뭐가요?"

"그걸 모르겠다는 거야."

"괜한 걱정 하시는 거 아니에요?"

"나도 그랬으면 좋겠구나."

"아무 일 없을 거예요."

그렇게 말은 했지만 엄마의 표정을 보니 안심이 안 되었다. 당장 장두루 할아버지를 만나야겠다는 생각이 들었다. 엘리베이터로 내려가는데 1층에서 할아버지가 택배 상자를 여러 개 들고 있었다. 나는 반갑게 인사했다.

"안녕하세요. 어디 가세요?"

"택배 상자를 배달하러 간다."

"그건 택배원들이 해야 할 일 아닌가요?"

"집주인이 없어서 경비실에 맡겨 놓은 택배란다."

예전에는 할아버지가 택배 물건을 제 주인에게 전달해 주는 것을 당연하게 생각했는데, 신문 기사를 읽고 나서는 미안한 생각이 들었다.

"제가 도와드릴게요. 저에게 반을 주세요."

"아니다. 너는 네 할 일을 하거라."

"사실은 할아버지를 뵈러 내려온 거예요."

"그러냐? 그러면 경비실에서 잠깐 쉬고 있어라."

"아니에요. 할아버지랑 함께 택배 상자를 돌릴래요."

장두루 할아버지는 아무 말 없이 엘리베이터를 탔다. 나는 엘리베이터의 닫힘 단추를 눌렀다. 택배 상자를 다 전해 주는 데 20분이나 걸렸다. 할아버지는 배달을 모두 마치자 나한테 고맙다고 말했다. 별일도 하지 않았는데 괜히 뿌듯한 느낌이 들었다.

"할아버지, 아이스크림 하나 주실 거죠?"

"두 개 먹어라."

나는 경비실 냉장고에서 아이스크림 두 개를 꺼냈다. 그리고 하나를 할아버지에게 건넸다. 할아버지는 나를 보고 빙긋 웃으며 아이스크림을 한 입 베어 물었다. 나도 따라 베어 물고는 배시시 웃었다.

"그런데 나를 보러 왔다며?"

"네."

"무슨 일로?"

"걱정이 돼서요."

"무슨?"

"엄마한테 간담회 이야기는 들었어요."

"그랬구나."

"그런데 엄마는 부녀회장님이 무슨 일을 꾸미고 있는 것 같다며 할아버지를 걱정했어요. 할아버지는 걱정이 안 되세요?"

"글쎄다. 내 나이가 되면 걱정이 있어도 걱정이 별로 안 되더구나."

"걱정이 있어도 걱정이 안 되다뇨?"

"자신이 할 일을 다 하고 나면 그 결과에 대해서는 걱정하지 않는 나이라는 이야기다."

"할아버지는 참 희한한 분이세요."

"뭐가?"

"남들은 할아버지 걱정을 하는데, 정작 할아버지는 본인 걱정을 안 하시니."

"네 말을 듣고 보니 그렇구나, 껄껄껄."

나는 아이스크림을 다 먹고 일어섰다.

"어쨌든 할아버지가 걱정을 안 하시니 저도 마음이 놓이네요."

"민주가 어른스러운 말을 하는구나. 제법인데?"

"저도 벌써 중2라고요."

"남들은 중2가 되면 중2병에 걸린다던데, 너는 아직 안 걸린 모양이구나."

"안 걸리기는요. 저도 가끔은 까닭 없이 화가 나고, 별일 아닌 것에도 짜증이 나고, 아무 일도 하고 싶지 않아요. 이런 게 중2병이라면 전 분명 중2병 중증 환자라고요."

"아이고, 깜짝이야. 귀청 떨어지는 줄 알았다."

나도 모르게 갑자기 목청이 커진 것에 스스로도 놀라 얼굴이 붉어졌다. 다시 중2병이 도졌나 보다. 할아버지는 붉어진 내 얼굴을 잠시 바라보았다.

"귀청이 떨어질 정도로 크지는 않았어. 걱정하지 마라. 그나저나 네가 중2병에 걸렸다고 걱정하니, 나보다는 네 문제부터 해결해 줘야겠구나."

"정말요? 할아버지가 중2병도 고쳐 줄 수 있나요?"

"글쎄다. 그건 네가 나를 어떻게 생각하느냐에 달려 있지."

"저는 할아버지를 아주 훌륭한 분이라고 생각하는데요."

"고맙구나. 자, 그럼 나를 정신과 의사라 생각하고 네 걱정거리를 말해 보거라."

나는 다시 경비실 바깥에 있는 의자에 앉았다. 할아버지도 내 옆에 앉았다. 바람이 불어와 주변이 시원했다.

"저도 제가 무엇을 걱정하는지 잘 모르겠어요. 아마도 성적 때문 아닐까요? 아니면 진로 때문일지도. 사실 제가 누군지도 잘 모르는걸요. 어떤 때는 썩 괜찮은 아이 같기도 하고, 어떤 때는 멍청한 놈 같기도 하고……. 저도 제 마음을 잘 모르겠어요."

"그렇구나. 자, 그럼 내가 민주의 마음을 고쳐 볼까?"

"그렇게 쉽게요? 벌써 제 마음을 다 아셨어요?"

"알지 않고도 고칠 수 있지."

"어떻게요?"

"자, 그럼 내가 네 마음을 고쳐 줄 테니, 네 마음을 나에게 보여 주거라."

"에이, 말도 안 돼. 어디에 있는지도 모르는 마음을 어떻게 보여 드려요?"

"그러면 너는 너도 모르고 보여 줄 수도 없는 마음 때문에 화도 나고, 짜증도 나고 하는 거구나."

"……."

"화내지 마라. 본래 마음이란 없는 거야. 하지만 우리가 그 마음을 만들어 내지. 문제는 우리가 만들어 놓고도 그 마음의 주인이 되지 못하고 도리어 마음이 우리의 주인 노릇을 하게 만든다는 거야."

"본래 마음이 없는 거라고요?"

"아무렴."

"내가 마음을 만들었다고요?"

"그렇지."

"그런데 그 마음이 나의 주인이 되었다고요?"

"제법인데."

"그러니까 할아버지 말씀은 내가 없는 마음을 만들어 놓고, 그
마음 때문에 화나고 짜증 난다는 말이잖아요."

"정리가 확실한데?"

"확실하게 정리하니 정말 짜증 나는데요."

"그렇지?"

"그럼 내가 마음의 주인이 되는 방법은 있나요?"

"물론 있다마다."

"알려 주세요."

"정말?"

"네."

"내가 알려 줄 것 같으냐?"

"혹시……?"

혹시는 무슨……. 할아버지는 마음의 주인이 되는 방법을 과
제로 내 주었다. 그럴 줄 알았다. 매번 당하면서도 눈치를 못 챈
다. 할아버지는 묘하게 사람을 이끄는 능력이 있는 걸까? 나는
다시 과제를 안고 집으로 돌아올 수밖에 없었다.

***

결국 우려하던 일이 일어나고 말았다. 부녀회장이 부녀회원들을 모아 놓고는 간담회 사건을 방관하거나 용납해서는 안 된다고, 하나를 양보하면 둘을 요구할 것이라고, 문제를 일으킨 사람을 해고해야 한다고 목소리를 높였다고 한다. 이런 사실을 어떻게 아느냐고? 회의에 참석한 부녀회원들이 모두 부녀회장과 같은 마음은 아니었고, 그렇게 다른 마음을 갖고 있는 분 중 한 분이 우리 엄마 친구였다고 말해야겠다. 마침 그 자리에 학원 갔다가 돌아온 내가 있었던 것이고. 바깥일 때문에 부녀회의에 참석하지 못한 엄마는 그 친구분에게 고맙다고 했다. 엄마는 나랑 같이 집으로 돌아오면서 나에게 입단속 잘하라고 몇 번이고 당부했다.

엄마랑 집에 돌아와 보니 아버지가 직원들이 무기명으로 작성한 설문지를 살펴보고 있었다. 아버지는 엄마와 내가 들어오는 것을 보고 급히 엄마에게 와 보라고 손짓했다.

"무슨 일이에요?"

엄마가 식탁 의자에 앉으며 말했다.

"생각보다 결과가 심각한데."

"그래요?"

엄마는 아버지가 정리해 놓은 설문지를 훑어보았다.

"직원들 중에서 직장 생활 중에 모욕감을 느낀 적이 있다고 응답한 사람이 40퍼센트가 넘네. 심지어는 노예 취급을 당하고 있다고 생각하는 사람도 있었어."

"우리가 사태를 너무 가볍게 봤네요."

"그러게. 그건 그렇고 밖에 나갔던 일은 어찌 됐어?"

"예상했던 대로예요. 부녀회장이 일을 꾸미고 있었어요."

"어느 정도야?"

"장두루 할아버지를 비롯해서 몇 명은 본보기로 해고할 생각
인가 봐요. 부녀회원들을 선동하고 있어요."

나는 옆에서 말없이 두 분의 이야기를 듣다가 물었다.

"그런데 왜 부녀회장님은 장두루 할아버지를 그렇게 싫어해
요?"

"할아버지가 오자마자 부녀회장님 기분을 언짢게 했잖아. 부
녀회장님은 자존심 하나로 먹고사는 양반인데, 그 때문에 자존
심이 무척이나 상한 모양이지."

엄마가 대답했다. 그때 아버지가 갑자기 충격적인 이야기를
꺼냈다.

"그런데 지난번에 당신이 아파트 경비를 조사해 보라고 해서
관리소장에게 얻은 회계장부를 살펴봤더니 이상한 점이 있었어.
특히 아파트 조경 사업에 경비가 많이 들어서 조사해 봤더니, 조
경을 맡았던 업체가 부녀회장의 친인척이더라고. 그래서 다른
아파트의 조경 사업 경비와 비교해 봤더니, 우리 아파트의 경비
가 지나치게 많은 거야. 그래서 우리 아파트에 입찰한 다른 업체
와도 비교해 봤더니, 우리 아파트는 경쟁 입찰이 아니라 단독 입
찰이었어. 분명 특혜가 있었을 거야. 서류상으로는 아무 문제 없

었지만, 상당히 미심쩍네."

"우아, 언제 그런 걸 다 조사하셨어요? 진짜 탐정 같아요. 셜록 홈즈처럼요."

나는 아버지에게 엄지를 척 들어 올렸다.

"역시 당신이 최고야."

엄마는 아버지 볼에 뽀뽀를 해 줬다. 나는 "으웩!" 하고 토하는 척했지만, 두 분 사이가 다정한 게 좋았다.

"조금 더 조사해 봐야겠지만, 아마도 올봄에 장두루 할아버지가 화단 정비 대신에 꽃씨를 뿌리고 텃밭을 일군 게 문제의 발단이 된 것 같아. 부녀회장의 이권을 빼앗은 꼴이 되었으니까."

"어머, 당신이 조사한 게 맞다면 정말 그게 문제가 되겠네요. 부녀회장이 단지 자존심이 상해서 장두루 할아버지를 미워한 게 아니라 이익을 챙길 수 있는 기회를 빼앗겨서 미워한 거라면, 상황이 딱 맞아떨어지는데."

나는 두 분의 이야기를 들으며 벌어진 입을 닫지 못했다. 화가 치밀어 올라 냉장고의 찬물을 병째로 벌컥벌컥 들이마셨다. 그래도 화가 풀리지 않았다. 엄마는 이런 나를 지켜보며 미안한 표정을 지었다.

"지금 엄마 아빠가 한 이야기를 다른 곳에 흘리면 안 돼. 아직 분명하게 확인된 게 아니니까. 그리고 네가 화난 건 이해하겠는데, 이 문제는 어른들 문제니까 우리가 해결할 수 있게 해 줄래? 이런 모습 보여 줘서 너한테 미안하구나."

"엄마 아빠가 잘못한 것도 아닌데 뭐가 미안해요. 하지만 부녀회장은 정말 못된 것 같아요. 천벌을 받을 거예요."

나는 분을 삭이며 낮은 소리로 말했다.

"나 잠깐 머리 좀 식히고 올게요."

문을 나서는데 엄마가 소리쳤다.

"장두루 할아버지에게는 말하지 말아라. 알아서 좋으실 거 없으니까."

나는 나가려다 멈춰 서서 엄마의 이야기를 듣고 문을 닫았다.

경비실로 내려가 보았더니 장두루 할아버지가 보이지 않았다. 경비실 창에 '순찰 중'이라는 팻말이 걸려 있었다. 마음이 답답해서 아파트 주변을 한 바퀴 도는데, 할아버지가 놀이터에서 나오는 게 보였다. 장갑을 끼고 집게를 들고 있는 것으로 보아 주변의 쓰레기를 치운 모양이었다.

"안녕하세요."

"어, 민주구나."

"놀이터에 쓰레기가 많죠?"

"그래, 예전에는 없던 담배꽁초가 많이 있더구나."

"어른들이 놀이터에서 담배를 피우나 봐요."

"아니, 너만 한 아이들이 피우던데. 넌 담배 안 피우니?"

"할아버지!"

"농담이다, 농담. 아이들이 오죽하면 담배를 피우겠니. 그건 그렇고 아이스크림 먹으려고? 숙제를 했나 보네."

"아니요, 그건 아직요. 하지만 아이스크림은 먹고 싶네요."

"허허, 고놈. 알았다, 같이 가자."

장두루 할아버지는 경비실 문을 열쇠로 열고 냉장고에서 아이스크림 두 개를 꺼내 하나를 나에게 주었다.

"나도 일했으니 하나 먹어야겠다."

할아버지와 나는 말없이 아이스크림을 다 먹었다.

"희한하네. 말 많던 민주가 아이스크림을 먹는 동안 한마디도 하지 않는 걸 보니 뭔가 문제가 있긴 있는 모양이구나."

아이스크림을 먹는 동안 나는 부녀회장을 떠올렸다. 화가 다시 슬슬 살아나기 시작했다. 나는 할아버지를 향해 낮게 말했다.

"할아버지는 부녀회장님이 밉지 않으세요?"

할아버지는 먹던 아이스크림을 내려놓으며 내 얼굴을 물끄러미 바라보았다.

"안 미운데, 왜?"

부모님에게 들은 사정을 말할 수 없어서 답답한 나머지 나도 모르게 언성을 높이고 말했다.

"아니, 부녀회장님은 할아버지를 그렇게 미워하는데, 어떻게 할아버지는 부녀회장님이 안 미울 수가 있어요!"

할아버지는 잠시 말이 없다가 이윽고 입을 열었다.

"민주는 부녀회장님에 대해 얼마나 알고 있니?"

나는 뜬금없는 할아버지의 질문에 어이가 없어졌다.

"부녀회장님에 대해서 얼마나 알고 있냐뇨. 저도 그분이 하는 일을 많이 지켜보았어요. 할아버지뿐만 아니라 우리 엄마한테 한 일도요. 할아버지는 부녀회장님이 지금 무슨 일을 꾸미고 있는지도 모르시잖아요."

이렇게 말해 놓고는 얼굴이 빨개졌다. 엄마의 당부가 떠올랐기 때문이다. 하지만 할아버지는 내 말에 곧장 반응하지 않고 도리어 다시 물었다.

"부녀회장님 집에 사람이 얼마나 방문하는지 아니?"

나는 대답을 할 수 없었다. 방금 내가 뱉은 말 때문에 머리도 복잡했거니와 부녀회장 집에 누가 드나드는지 따위엔 관심이 없었기 때문이다.

"내가 봄에 여기 와서 근무하는 동안 아무도 부녀회장 집을 방문하지 않았어."

나는 할아버지의 말이 믿기지 않았다. 자식 자랑을 입에 달고 다니던 부녀회장이었다. 나는 말없이 할아버지를 쳐다보았다.

"분명 부녀회장은 무척이나 외로운 사람이었을 거야. 그것을 들키지 않으려고 무척이나 애쓰는 것 같았어. 민주야, 나는 부녀회장이 미운 것이 아니라 조금은 측은하단다."

"그렇게 외로우면 다른 사람한테 잘해야지요. 스스로 적을 만들고 있잖아요."

"일종의 보호막을 치고 있는 거야. 자신이 혼자라는 것을 남들이 모르게. 그래서 별일이 아닌 것에도 그렇게 화를 내는 거고."

나는 조경 사업을 떠올리며, 할아버지가 모르는 게 있다고 말하고 싶었다. 하지만 말할 수는 없었다. 그때 할아버지가 말했다.

"그런 사람들은 자신의 외로움을 포장할 수 있는 다른 것을 찾기 마련이지. 지위나 명예라든지 돈이라든지."

나는 '돈이라든지'라는 대목에서 깜짝 놀랐다. 할아버지가 혹시 부녀회장의 비리를 다 알고 있나 하는 생각이 들 정도였다.

"어이쿠, 내가 말이 많았구나. 어린 너에게 할 얘기는 아니었는데. 어쨌든 너도 부녀회장에 대해서 화만 내지 말고. 나쁜 마음을 먹으면, 그 나쁜 마음이 너를 나쁘게 만드니까 말이야."

"나쁜 마음이 나를 나쁘게 만든다고요? 할아버지는 어떻게 그렇게 멀쩡하실 수가 있어요? 부녀회장이 할아버지를 함부로 대하는 게 기분 나쁘지 않으세요?"

"그야 기분 나쁘지."

할아버지는 씩 웃으며 말했다. 그래서 나는 다시 물었다.

"그런데 왜 화를 내지 않으세요?"

할아버지는 여전히 웃으며 대답했다.

"나쁜 기분이 나의 주인이 되지 못하게 하기 때문이야."

"그게 가능해요?"

"훈련을 통해서 가능하지."

"저에게도 알려 주세요."

"아직은 알려 줄 수 없는데."

"왜요?"

"그건 바로 내가 너에게 내 준 과제이기 때문이야."

우아, 대단하다. 나이가 들면 건망증도 생긴다는데 할아버지는 나의 유도 질문에 결코 넘어가지 않았다. 결국 내가 풀어야 할 과제이다. 하지만 뭔가 가슴이 시원해지는 기분이 들었다. 바람이 시원해서 그런가?

일주일이 지나자 아파트 게시판에 공고문이 붙었다.

공고

아파트 직원의 복지를 위해 직원들의 의견을 수렴하고, 동 회의와
전체 대표자 회의를 거쳐 다음과 같이 결정되었음을 알립니다.

1. 직원들의 휴식 공간을 확보하기 위해 관리 사무실에 위치한 헬스
   실의 일부 공간을 직원 휴게실로 변경한다.
2. 점심시간을 확보하고, 점심시간을 근무 시간에 포함한다.
3. 직원의 초과 근무를 줄이고, 필요한 직원들을 충원하도록 노력한다.
4. 이를 위해 직원과 아파트 주민들이 협력하여 불필요한 경비를 절
   감하고, 추가 경비가 발생할 경우 관리비를 통하여 충당한다.

201X년 X월 X일

○○○ 아파트 입주자 대표 회의 일동

옆 아파트 직원의 자살 사건을 계기로 신문 등 대중매체에 아
파트 직원에 대한 인권 침해 사례가 크게 다뤄졌던 것이 아파트

주민들의 마음을 움직였다고 엄마는 말했다. 엄마의 말에 따르면, 부녀회장의 반대 의견도 크게 영향을 주지 못했다고 한다. 그동안 소홀히 했던 경비 지출 문제도 주기적으로 감사 활동을 벌이기로 했단다. 이제 우리 아파트에도 평화가 찾아온 건가? 하지만 가만있을 부녀회장이 아니었다.

"당신이 뭔데 아파트를 들었다 났다 하는 거예요?"

"나한테는 그런 힘이 없는데요."

"아니, 나이가 드셨으면 조용조용 살아야지, 당신이 온 이후로 우리 아파트에 바람 잘 날이 없잖아요."

아침 댓바람부터 부녀회장이 시끄럽게 고함치는 바람에 아파트 주민들이 창문을 열고 경비실 쪽을 내다봤다. 나는 학교에 가려고 아파트를 나서다가 그 장면을 목격했다. 나도 모르게 나무 뒤에 몰래 숨어서 둘의 대화를 들었다.

"조용조용 말씀하시지요."

"내가 지금 조용히 하게 생겼어요? 당신 때문에 관리비가 더 나가게 생겼잖아요. 당신이 책임질래요?"

부녀회장이 화가 난 이유를 알 수 있었다. 부녀회장은 자신에게 돌아올 이익은커녕 오히려 관리비를 더 많이 내게 되자 불만을 터뜨린 것이다. 그런데 하필 그 불똥이 장두루 할아버지에게 튄 것이다. 이야기를 더 듣고 싶었지만, 그러다간 지각을 할 것 같아서 걸어 나갔다. 장두루 할아버지와 부녀회장은 나를 보더니 갑자기 말을 멈췄다. 나는 아무 일도 모른다는 듯이 인사를 하고 그들을 지나쳤다. 등 뒤에서 부녀회장의 목소리가 들려왔다.

"어쨌든 당신은 골칫덩이가 분명해요. 내가 무슨 이유를 찾아서라도 반드시 당신을 해고시키고 말 테니까 두고 봐요. 사람이 분수를 알아야지, 분수를."

"내가 수학을 잘 못해서…….."

"아니, 이 할아버지가!"

나는 걷다가 "풋!" 하고 웃음이 터져 나왔다. 이 상황에서 저런 썰렁한 유머를 구사하다니. 부녀회장도 어처구니가 없는지 헛웃음을 지었다. 학교로 가는 발걸음이 가벼워졌다.

학교에 갔더니 웬일인지 짝꿍 희수가 "안녕!" 하고 반갑게 맞아 주었다. 새침데기라 좀처럼 웃지 않는 희수가 나를 향해 웃어 주니 어색했다. 그래서 나도 "안녕!" 하고 답례하며 책상에 앉았다. 그랬더니 뒤에 있던 영철이가 "헐" 한다. 나는 얼굴이 달아올랐다. 얼굴에 감정이 안 드러나게 하는 방법은 없나?

"오늘 뭐 기분 좋은 일이라도 있었니? 들어오는데 얼굴에 웃음기가 가득하더라."

"우리 아파트 경비 할아버지 때문에 기분이 좋았나 봐."

나는 아침에 본 일을 떠올리며 희수에게 대답했다. 그러자 뒤에 있던 영철이가 물었다.

"그 괴짜 할아버지 말하는 거야? 만날 너한테 어려운 질문을 하시는?"

"그래, 그 할아버지."

"그 할아버지가 어쨌는데?"

희수가 또 물었다. 이 아이가 나한테 관심이 있나? 나는 기분이 좋아져서 그동안 일어났던 일들을 아이들에게 들려줬다. 희수와 영철이는 내 이야기에 꽤 흥미진진한 표정을 지었다.

"우아, 너네 아파트 진짜 멋지다."

"헐, 우리 아파트는 아직도 경비 아저씨들을 하인 다루듯이 하는데."

영철이와 희수가 한마디씩 보탰다.

"아니야. 우리 아파트도 원래 안 그랬는데, 장두루 할아버지가 오시면서 분위기가 변했어. 뭔가 즐거워졌다고나 할까?"

나는 마치 내가 장두루 할아버지의 식구라도 되는 양 우쭐해졌다.

"그 할아버지 예전에 뭐 하셨던 분이래? 보통 할아버지는 아닌 것 같은데."

영철이가 물었다.

"나도 잘 몰라. 뭔가 있는 것 같은데 좀체 이야기를 안 해 주시니까."

내가 어깨를 들썩이며 대답하자, 희수는 그럼 그냥 물어보면 되지 않느냐고 말했다. 영철이도 격하게 고개를 끄덕였다. 그럼 다시 한 번 시도를 해 봐? 생각하고 있는데, 영철이가 내 어깨를 툭 치며 물었다.

"이번에는 할아버지가 과제 같은 거 안 내 주셨어?"

"왜 안 내 주셨겠어, 내 주셨지. 과제를 풀어야 아이스크림을 얻어 먹을 수 있는데, 나도 걱정이다."

희수와 영철이는 나를 향해 호기심 어린 표정을 지었다.

"왜들 이래? 너희가 내 문제를 풀어 줄 거야?"

내 물음에 희수와 영철이가 동시에 고개를 끄덕였다. 얘들이 미쳤나 싶다. 뭘 잘못 먹지 않고서야 골치 아픈 문제를 풀어 보겠다고 달려들 리가 없는데. 내가 아이들을 쳐다보았지만, 표정이 단호하다. 나는 에라, 모르겠다 싶어 말해 버렸다.

"이번에 할아버지가 내 준 숙제는 '어떻게 해야 마음의 주인이 될 수 있는가'야."

그때 마침 담임 선생님이 아침 조회를 하러 들어왔다. 우리는 대화를 멈추고 담임 선생님을 향해 인사했다. 조회 시간이 끝나자, 나는 얼른 아이들에게 답을 찾았냐고 물었다. 아이들은 나를 물끄러미 쳐다보더니 고개를 절레절레했다. 그럼 그렇지. 쉽게 풀릴 문제가 아니었다. 그러자 영철이가 점심 먹고 토론해 보자고 제안했다. 토론? 와이 낫(Why not)!

오전 수업이 어떻게 지났는지 모르겠다. 나는 점심시간을 기다렸다. 모처럼 희수와 친해질 수 있는 기회인데, 내가 왜 마다하겠는가. 영철이가 조금 마음에 걸리지만, 희수를 향한 내 마음을 영철이도 모르진 않을 테니까 설마 방해를 하랴 싶었다.

다음은 우리 사이에 벌어진 토론 내용이다.

희수 마음의 주인이 된다는 말이 뭐야?

영철 마음을 다스린다는 말이 아닐까?

나　할아버지는 화가 날 상황인데도 화를 안 내서. 어떻게 그게 가능하지?

희수 화를 안 내신다고?

영철 인간이 아니네.

희수 맞아, 화가 나면 화를 내야지 왜 안 내신대?

나 그러게.

영철 기분에 따라 행동하지 말고 생각 좀 하라는 말씀 아닐까?

나 무턱대고 화내지 말라는 말 같기도 하고.

희수 마음의 주인이 된다는 말의 반대는 마음의 노예가 된다는 말이네.

나 마음의 노예가 되다니?

희수 그러니까 마음이 명령하는 대로 살면 마음의 노예가 되는 거지.

영철 그러면 마음하고 나하고 다른 거야?

희수 글쎄.

나 마음을 누가 만드는데?

희수 마음은 내가 만드는 거 아닌가?

영철 그러면 내가 만든 마음에 내가 노예가 된다는 거야?

나 아이고, 머리야. 뭐가 뭔지 모르겠다.

점심시간이 끝나는 종이 울렸다. 우리의 결론은? 한마디로 '모르겠다'였다.

수업이 끝나고 다시 무거워진 머리로 집에 돌아왔다. 경비실에서 할아버지가 나를 보더니 반갑게 인사했다. 나는 할아버지를 보며 건성으로 "학교 다녀왔습니다." 하고 인사했다.

"내가 이번에 낸 과제가 너무 어려웠니?"

할아버지는 내 마음을 눈치챘는지 헤실헤실 웃으며 물었다.

할아버지가 웃는 모습이 마치 나를 비웃는 것 같아서 기분이 안 좋았다.

"저 이제 할아버지가 내 준 과제 하지 않을래요."

내가 퉁명스럽게 내뱉자 할아버지는 잠자코 나를 바라봤다. 나는 조금 미안해져서 덧붙였다.

"아이들하고 토론을 해 봤거든요."

"……."

"그런데 결론은 '모르겠다'였어요."

그러자 할아버지는 "딩동댕!" 하고 말했다. 나는 깜짝 놀랐다.

"뭐가 딩동댕이에요?"

"모르겠다는 너희들의 마음이 딩동댕이다."

"왜요?"

"적어도 모르겠다는 것을 아는 사람은 다른 사람을 쉽게 판단하지 않을 테니까. 다른 사람이 어떤 행동을 할 때 그 이유를 모르면 그 사람을 판단할 수 없지 않겠니? 좋다, 나쁘다 하는 판단 말이야."

"그렇겠죠."

"그러면 적어도 다른 사람의 행동을 보고 화를 내거나 기뻐하지 않겠지. 왜냐하면 자기 마음이나 남의 마음을 모르니까."

"그러겠네요."

"그게 바로 마음의 주인이 되는 최상의 방법이다."

"네에?"

"어렵니?"

"어려워요."

"그럼 이렇게 생각해 보거라. 안다고 자신하는 사람은 자신의 앎을 기준으로 남을 판단하겠지? 자신이 뭐든 아는 것처럼 확신하면서 말이야. 하지만 모른다고 생각하는 사람은 모르기 때문에 겸손하고 신중하게 배우는 마음으로 남을 대하겠지?"

"맞아요."

"그럼 아는 사람이 위험할까, 모르는 사람이 위험할까?"

"아는 사람이 위험하겠네요."

"더군다나 정작은 잘 알지도 못하면서 안다고 확신하는 사람은 얼마나 위험할까?"

"정말 위험하겠는데요."

"그렇다면 마음의 주인이 되고자 하는 사람은 마음을 아는 사람일까, 모르는 사람일까?"

"모르는 사람이 나을 것 같아요."

"그래, 마음의 주인이 되고자 하는 사람은 자신의 마음을 항상 모른다고 생각하면서 겸손하고 신중하게 배우는 자세로 사는 법이란다."

그럼 학교에서 우리가 한 토론이 아예 의미 없었던 건 아니란 말인가? 알다가도 모를 일이다. 나는 할아버지에게 우리가 왜 겸손하고 신중하게 배워야 하는지를 물었다.

"마음은 칼과 같기 때문이다."

"강도의 칼과 의사의 칼처럼요?"

"그래, 너도 그 비유는 알고 있구나. 강도의 칼은 사람을 죽이고, 의사의 칼은 사람을 살리지."

"네, 어디선가 읽은 것 같아요."

"그런데 내 이야기는 그게 아니란다. 강도가 칼을 들었을 때는
도망가면 그만이지. 그러니까 알고 보면 사실 강도의 칼은 무서
운 것이 아니야. 뻔히 보이거든."

"그러면요?"

"가장 무서운 것은 의사의 칼이지."

"네?"

"사람들은 자기가 다 의사라고 생각하면서 칼을 든단다. 그런
데 그 의사가 칼을 제대로 다루지 못하는 돌팔이라면 어떻겠니?
심지어 환자의 증세도 잘못 판단해서 잘못된 부위를 수술하게
되면 환자의 생명조차 위험하게 만들고, 그 결과로 자신조차 위
험하게 되지 않겠니?"

"정말 그렇겠네요."

"민주야."

"네."

"진짜 의사와 가짜 의사를 잘 구분해야 한다."

"어떻게요?"

"진짜 의사는 자신의 칼로 자신도 살리고 남도 살린단다. 그런
데 가짜 의사는 자신의 칼로 자신도 죽이고 남도 죽이게 되지."

"왠지 무서운데요."

"그래서 진짜 의사는 항상 겸손하고 신중하게 칼을 쓸 수밖에
없는 거야."

'모르겠다'에서 시작한 할아버지와 나의 대화는 겸손과 신중함을 거쳐 칼 이야기로 이어지고 있었다. 마음 쓰는 것이 칼을 쓰는 것과 마찬가지라는 말은, 함부로 말하거나 행동해서는 안 되겠구나 하는 생각에까지 도달했다.

"민주야. 마음의 칼을 함부로 쓰게 되면 상대방도 다치지만 칼도 다치는 거 알지?"

"네."

"상대방을 미워하면 그 미움이 상대방을 다치게 할 뿐 아니라 너도 다치게 한단다."

나는 내가 부녀회장을 미워했던 게 떠올라 갑자기 낯이 뜨거워졌다.

"하지만 부녀회장님은 할아버지를 미워하잖아요. 이유도 없이 할아버지를 미워하는 부녀회장님을 제가 어떻게 안 미워할 수 있겠어요?"

"너는 이 할아비가 부녀회장님을 미워한다고 생각하니?"

할아버지의 질문을 받고 생각해 보니, 딱히 할아버지가 부녀회장을 미워하는 것 같진 않았다. 나는 "아니요." 하고 대답했다.

"그래, 나는 부녀회장님을 미워하지 않아. 그분을 이해하려고 한단다."

"그분을 이해한다고요?"

"이해한다는 것이 아니라 이해하려고 노력한다는 말이다."

"왜요?"

"그분을 잘 모르니까. 너는 아니?"

생각해 보니 나도 부녀회장을 잘 모르는 것 같았다. 나는 아무 말도 하지 않았다.

"그래, 너나 나나 부녀회장님을 잘 모르는 거야. 그러니 이 모른다는 마음을 잘 간직하자꾸나. 그게 마음의 주인이 되는 최상의 방법이라고 내가 말했지?"

나는 할 말을 잃었다. 그러다 문득 장난기가 발동했다.

"그러면 할아버지 칼은 어떠세요?"

"내 칼? 내 칼은 수십 년을 썼지만 언제나 새것처럼 날카롭지."

"그래요?"

"그럼 네 칼은 어떠니?"

"제 칼요? 제 칼은 함부로 써 가지고 이가 다 빠지고 너덜너덜해요."

"그럼 우선 칼부터 날카롭게 갈아야겠구나."

"아니에요. 그냥 칼집에 넣어 두고 사용하지 않을래요."

"만날 뽑아 휘두르면서 말은 잘한다."

할아버지와 나는 껄껄, 깔깔대며 웃었다. 웃음소리가 조용히 아파트 단지로 퍼져 나갔다. 그 누구도 해치지 않고 환하게 만드는 소리. 마음이 이 소리처럼 평화로워졌다.

장자 링크 3

두께 없는 칼날은
상하지 않는다

『장자』 3편의 제목은 「양생주」(養生主)이다. 풀이하자면 '삶을 보살피는 핵심'이란 뜻이다. 삶을 보살핀다는 것은 자신의 삶뿐 아니라 타자(他者)의 삶 또한 보살피는 것이다. 우리는 서로 연결되어 있기 때문이다. 이러한 관점을 '관계론적 관점'이라고 한다. 우리는 나 아닌 타자와 어떤 관계를 맺어야 할까?

『장자』 3편에는 포정이라는 요리사가 문혜군 앞에서 소를 해체하는 이야기가 있다. 포정이 어찌나 신출귀몰하게 소를 해체하는지 문혜군이 감탄하며 어떻게 그런 기술의 경지에 도달할 수 있는지 묻는다.

요리사가 칼을 내려놓고 대답했습니다.

"제가 귀히 여기는 것은 도(道)입니다. 기술을 넘어선 것입니다. 제가 처음 소를 잡을 때는 눈에 보이는 것이 온통 소뿐이었습니다. 삼 년이 지나자 통째인 소가 보이지 않게 되었습니다. 지금은 정신[神]으로 대할 뿐 눈으로 보지 않습니다. 감각 기관은 쉬고, 정신이

3. 삶을 보살펴라   99

원하는 대로 움직입니다. 하늘이 낸 결[天理]을 따라 큰 틈바귀에 칼을 밀어 넣고 큰 구멍에 칼을 댑니다. 이렇게 정말 본래의 모습에 따를 뿐, 아직 인대나 힘줄을 베어 본 일이 없습니다. 큰 뼈야 말할 나위도 없지요."

요리사는 자신의 비결은 기술이 아니라 '도(道)'라고 대답한다. 도란 무엇인가? 도는 길이다. 세상 만물은 다 자신의 길이 있다. 지구도 궤도를 따라 태양을 돈다. 1년은 봄, 여름, 가을, 겨울이라는 길을 따라 돈다. 인간은 생로병사의 길을 따라간다. 차도는 차도를 따라가야 사고가 나지 않고, 대패는 나뭇결을 따라 밀어야 나무가 매끄럽게 밀리듯, 요리사는 소의 결을 따라 칼을 넣고 해체한다. 그래서 요리사는 이렇게 말할 수 있게 된다.

훌륭한 요리사는 해마다 칼을 바꿉니다. 살을 가르기 때문입니다. 보통의 요리사는 달마다 칼을 바꿉니다. 뼈를 가르기 때문입니다. 저는 지금까지 19년간 이 칼로 소를 수천 마리나 잡았습니다. 그러나 이 칼날은 이제 막 숫돌에 갈려 나온 것 같습니다. 소와 뼈마디에는 틈이 있고, 이 칼날에는 두께가 없습니다. 두께 없는 칼날이 틈이 있는 뼈마디로 들어가니 텅 빈 것처럼 넓어 칼이 마음대로 놀 수 있는 여지가 생기는 것입니다. 그러기에 19년이 지났는데도 칼날이 이제 막 숫돌에 갈려 나온 것 같은 것입니다.

한 번도 갈지 않은 칼로 수천 마리의 소를 잡고도 날이 상하지 않는 것이 가능한가? 물론 장자의 과장이다. 그런데 더 말도 안 되는 것이 '두께 없는 칼날'이다. 현실에서는 아예 없는 칼! 이를 어떻게 이해해야 할까?

인간의 삶으로 표현하면, 그것은 사심 없는 마음이다. 있는 그대로를 받아들일 수 있는 빈 마음[虛心], 역설적으로 자신의 마음을 비울 때 비로소 우리는 마음의 주인이 될 수 있다. 포정의 마음도 이와 다르지 않다. 자신의 사심을 없애고 소를 있는 그대로 보았기에 소의 결을 볼 수 있었다. 그리하여 이 모든 과정을 보고 포정의 말을 들은 문혜군은 이렇게 감탄한다.

"훌륭하도다. 나는 오늘 포정의 말을 듣고 '삶을 보살핌'이 무엇인지 터득했노라."

삶을 보살피는 것은 나의 결뿐만 아니라 남의 결도 함께 살피는 것이다. 내 욕심만 채우려고 남을 외면하는 것이 아니다. 내 생명만 지키려고 자연을 파괴하는 것이 아니다. 나의 생명과 다른 생명의 길을 같이 걷는 것이다. 경쟁 사회에서는 나의 길을 가기 위해 남의 길을 파괴해야하지만, 공존 사회에서는 나와 남이 함께 길을 걸어간다. 그러한 태도를 장자는 '두 길을 걸음[兩行]'이라 하였고, 그러한 삶을 '삶을 보살핌[養生]'이라 했다.

4

세상을 사는 방법

오늘은 오랜만에 가족 회식을 하는 날이다. 다른 집은 일주일이 멀다 하고 가족 회식을 한다는데, 우리 집은 어찌 된 일인지 한 달에 한두 번이다. 아버지는 가끔 밖에서 밥을 먹자고 하지만, 엄마는 밖에서 먹는 밥이 집에서 먹는 밥보다 위험하고 영양가도 없다며 한사코 집밥을 주장한다. 그러던 엄마였는데, 오늘은 웬일인지 아버지의 회식 제안을 선선히 받아들였다. 나로 말할 것 같으면 진정 땡큐다!

우리는 아파트에서 그리 멀지 않은 곳에 있는 돼지갈빗집으로 향했다. 아버지는 이왕이면 소갈비를 먹자고 했지만, 엄마는 소보다는 돼지가 영양가가 많다며 돼지고기 쪽을 고집했다. 영양이야 잘 모르지만 가격 면에서 싸다는 것쯤은 나도 안다. 엄마의 억척 짠순이 기질을 다시 한 번 확인하는 순간이었다. 하지만 돼지라도 어디인가. 조류인 닭에서 포유류인 돼지로 진화한 것만 해도 감지덕지다.

초여름이지만 날씨가 갑자기 더워져서 그런지 저녁 시간인데도 식당이 한산했다. 우리는 바람이 시원하게 들어오는 문가에 자리 잡고 돼지갈비 3인분을 주문했다. 뜨거운 숯불이 들어오고 불판이 얹히자 아버지는 능숙하게 고기를 올렸다. 달아오른 불판 위로 고기 굽는 소리가 식욕을 돋운다. 적당한 크기로 고기가 썰어지자마자 잠시 동안 먹는 일에 집중하느라 대화도 없다. 나는 이렇게 대화 없는 시간이 너무 좋다. 먹을 때는 먹기만! 나의 신조다.

하지만 아버지는 잘 익은 갈비 한 점을 입에 넣고 엄마를 바라보며 물었다.

"외식을 싫어하던 당신이 웬일로 군소리 없이 따라오셨나?"

"당신 덕분에 아파트 문제도 잘 해결되었고 해서 자축할 겸 따라와 준 거니까 잠자코 드시기나 하시지요."

나는 두 분이 이야기를 하든 말든 고기 먹는 일에 열중했다. 아버지는 불판에 갈비를 더 올렸다.

"누가 안 뺏어 먹으니까 천천히 먹어라. 오늘은 실컷 먹게 해줄 테니."

나는 속으로 '아버지 수입으론 택도 없습니다.' 하며 고기를 다시 입에 넣고 아버지를 향해 웃었다. 두 분이 열심히 먹고 있는 나를 보며 따라 웃었다. 더도 덜도 말고 오늘만 같아라 생각하는데, 밖에서 장두루 할아버지가 어떤 분들과 함께 식당으로 들어왔다. 나는 할아버지를 발견하고 입에 고기를 담은 채로 일어나 인사했다. 장두루 할아버지는 우리 집 식구를 보고 반갑게 인사한 뒤, 멀찍이 떨어져 자리를 잡았다. 경비 옷 대신 편안한 복장을 한 할아버지를 보기는 처음이었다. 제복을 입었을 때는 영락없이 경비 할아버지였는데, 사복을 입으니 다른 분 같았다. 뭔가 근사하다고나 할까.

할아버지가 앉은 자리를 슬쩍 살펴보았더니, 모르는 한 분은 아버지와 비슷한 연배처럼 보였고, 양복 차림의 다른 한 분은 훨씬 젊었는데, 따라온 분의 비서처럼 보였다. 행동이 공손하면서도 절도가 있었다. 그쪽 테이블도 돼지갈비를 시켰다. 그리고 맥주 두 병도. 나는 할아버지를 사석에서 본 것도 신기하고, 저렇게 젊은 분들하고 자연스럽게 어울리는 것도 신기했다. 할아버지의 아드님인가?

그때였다. 나처럼 할아버지 쪽을 힐끔거리던 아버지가 연신 고개를 갸우뚱거리더니 무릎을 탁 치며 엄마에게 물었다.

"여보, 저기 장두루 할아버지 옆에 계신 분 시장님 아니야?"

그제야 엄마는 고개를 돌리고 그쪽을 바라보더니 소리쳤다.

"당신 말이 맞네! 시장님이네, 나혜성 시장님."

손님이 별로 없어서인지 별로 크지 않은 엄마 목소리가 그쪽까지 전달되었나 보다. 장두루 할아버지 앞에 앉아 있던 분이 일어나더니 우리를 향해 인사했다. 우리도 엉겁결에 따라 일어나 인사를 했다. 시장님은 웃으며 우리에게 먼저 앉으라는 손짓을 해 보였다. 우리는 엉거주춤하다가 어색하게 웃으며 자리에 다시 앉았다.

그다음부터는 고기가 입으로 들어가는지 코로 들어가는지 정신이 없었다. 입은 고기를 씹고 있었지만 귀는 온통 할아버지 쪽을 향해 열려 있었다. 부모님도 마찬가지인 듯했다. 말수가 줄어들고, 고기도 열심히 굽지 않았다. 아버지는 고기가 타들어 가는데도 뒤집지 않아서 내가 대신 젓가락으로 고기를 뒤집어야 했다. 할아버지 테이블이 멀찌감치 떨어져 있어서 대화를 자세히 들을 수는 없었지만, 대강 들리는 단어로는 시정이 어쩌고, 고문이 저쩌고, 선생님 어쩌고, 이번 참에 저쩌고 하며 시장님이 말하자, 할아버지가 은퇴 어쩌고, 다 늙어서 저쩌고, 관심 없으니 어쩌고, 고맙다 저쩌고 했다. 그러자 비서처럼 보이는 젊은 분이 잘 생각 어쩌고, 선생님 저쩌고, 지역 발전 어쩌고, 부탁드리며 저쩌고 했다. 종합해 보건대, 시장님 측은 장두루 할아버지에게 뭔가를 부탁하는 것 같고, 할아버지는 정중히 거절하는 분위기였다.

고기를 제대로 먹을 수 없는 분위기를 파악했는지, 엄마가 대충 식사 끝났으면 빵집에 가서 팥빙수를 먹자고 했다. 아버지도 마지못해 그러자며 자리에서 일어났다. 평소 같았으면 고기를 더 먹자고 말했겠지만 나도 순순히 부모님의 결정을 따랐다. 우리 식구가 장두루 할아버지 쪽을 향해 어색하게 인사를 하자, 이번에는 할아버지가 일어나서 우리 쪽으로 오더니, 괜히 어색한 분위기를 만들어서 식사도 제대로 못 한 것 아니냐며 미안한 표정을 지었다. 아버지는 과장된 표정으로 별말씀을 다 하신다며

손사래를 치더니, 엄마한테 계산하라 하고는 성급히 밖으로 나
갔다. 나도 할아버지에게 대충 인사를 하고 아버지를 따라 밖으
로 나왔다.

조금 뒤에 엄마가 나오면서 한마디 했다.

"뭔가 대단한 분이라고 생각했는데, 장두루 할아버지가 우리
시장님 스승님이셨네."

엄마가 놀라는 표정으로 우리를 바라봤다. 우리 역시 엄마 말
에 고개를 끄덕이며 '과연'을 연발했다.

주말이 어떻게 지나갔는지 모르겠다. 경비실에 가 보았지만
장두루 할아버지가 3일간 휴가를 내서 다른 경비 아저씨가 경비
실을 지키고 있었다.

"왜요? 어디가 편찮으신가요?"

내가 걱정을 했더니 그 경비 아저씨는 할아버지의 아내분 기
일이라 지방으로 내려갔다고 일러 주었다. 아, 할머니가 안 계셨
구나. 나는 할아버지에 대해서 모르는 것이 너무 많다는 생각을
했다. 숨어 지내진 않지만 알려진 게 거의 없는 분, 그래서 탁월
함은 가려지고 평범해 보이는 분, 그냥 보통 할아버지 같은 분,
그런 분이었다. 그런 분이 시장님의 스승이었다니, 도대체 언제
적 스승이었을까? 초등학교? 아니면 대학교? 그도 아니면 사회
에 나와서? 할아버지가 돌아오면 물어볼 게 한두 가지가 아니다.

장두루 할아버지가 돌아오는 날, 학교 수업이 끝나자마자 떡
볶이를 먹자는 영철이의 제안도 마다하고 부리나케 집으로 달려

갔다. 장두루 할아버지는 마치 아무 일도 없었다는 듯이 화단 텃밭을 정리하고 있었다. 나는 얼른 할아버지에게 다가가 인사했다. 할아버지는 나를 보고 활짝 웃었다.

"잘 다녀오셨어요?"

"그래, 잘 다녀왔다. 다녀온 사이에 잡초들이 부쩍 자랐구나. 여름에는 잡초들이 하루가 다르게 자라니까 작물을 잘 키우려면 잡초도 잘 돌봐야 한다."

"잡초를 돌보다뇨? 잡초는 뿌리째 뽑아야 하는 거 아닌가요?"

"작물이 잘 자라려면 잡초하고도 친하게 지내도록 해야 해. 잡초는 작물보다 뿌리를 깊이 내리니까 작물이 잘 자라도록 흙을 부드럽게 해 주지. 하지만 잡초가 너무 성장하면 작물이 잡초에 치여서 자라지 못하니까 잡초를 적당히 잘라 흙 위에 덮어 주는 거야. 잡초가 작물의 양분이 되고, 함께 공생하는 거지. 모든 생명은 소중하니까 잡초라고 함부로 대해서는 안 된단다."

오랜만에 봤는데도 할아버지의 진지 모드는 여전했다.

"다행이네요."

"갑자기 뭐가 다행이냐?"

"할아버지가 하나도 변하지 않아서요."

"그러냐?"

"네, 할아버지가 안 계신 동안 조금 걱정했어요."

"뭘?"

"갑자기 아파트 일 그만두시고 시장님이랑 일하시는 건 아닌가 해서요."

"아, 그 일? 내가 정중히 거절했다. 고깃집에서 다 들은 거냐?"

"다는 아니고요, 대충."

"그랬구나."

할아버지는 하던 텃밭 일을 계속했다. 나는 갑자기 할 말을 잃고 멍하니 서 있었다. 그때 할아버지가 물조리개에 물을 담아 오라고 시켰다. 나는 뭔가 할 일이 생겨서 다행이라고 생각하며 물조리개를 들고 수돗가에 가서 물을 담아 왔다. 할아버지는 작물에 물을 듬뿍 주라고 말하며 잡초를 잘라 흙 위를 덮어 갔다.

"할아버지."

"왜 그러냐. 힘드니?"

"아뇨, 이런 거 질문해도 될지 모르겠는데, 할머니는 언제 돌아가셨어요?"

"우리 집사람?"

"네."

"5년 전에 갔지."

"힘들지 않으셨어요?"

"집사람 없이 사는 게 쉽지는 않았지."

"그게 아니고 할머니가 돌아가신 거요."

"처음에는 힘들었는데 금세 괜찮아졌다."

"어떻게요?"

"우리 모두가 우주의 일부분임을 떠올렸기 때문이야. 집사람은 형태가 없는 우주였다가, 일부가 모여 형태를 이루고, 그 형태들이 모여 생명을 이루었지. 그렇게 생명으로 나랑 지내다가 이제 돌아갈 시간이 되어서, 생명 없는 형태가 되었다가, 형태 없는 우주로 되돌아갔을 뿐이야. 본래의 자신으로! 삶이란 그런 것 아니겠니? 태어나 성장하고, 자라서는 열심히 일하고, 늙어서는 쉬다가, 죽어서는 본래의 모습으로 돌아가는 것! 태어남이 기쁨이라면 죽음도 기쁨이 아닐까?"

"우아, 어떻게 그렇게 생각하실 수 있죠? 저는 죽는 건 참 무서운 거라고 생각했는데."

"그냥 그런 생각이 들었어. 그래도 가끔은 집사람이 보고 싶구나."

할아버지는 하던 일을 멈추고 일어섰다. 나도 물 주는 일을 멈췄다.

"오늘은 민주가 도와줘서 일이 금방 끝났네. 아이스크림 하나 먹을까?"

"콜! 좋아요."

"그래, 경비실로 가자."

할아버지도 돌아오고, 아파트가 활기를 되찾았다. 할아버지는 주말이면 아파트에 사는 아이들을 불러 모아 감자를 캤다. 두 이랑을 캤는데, 감자가 300개 넘게 나왔다. 할아버지는 비닐 봉지에 감자를 넉넉히 담아 일한 아이들에게 한 봉지씩 주었다. 나도 한 봉지를 얻어 엄마에게 가져다주었다. 엄마는 반색하며 마치 자신이 캔 감자나 된 듯이 뿌듯해했다.

"저녁은 감자나 쪄 먹을까?"

"어머니, 저는 결사반대입니다. 주말 저녁은 뭔가 근사한 것으로 먹어야 하지 않을까요?"

"이번 달은 초과 지출을 했으니 긴축 정책이다. 군소리 말고 주는 대로 먹기."

"어머니, 계속 이러시면 단식 투쟁에 돌입합니다."

"아이고, 우리 아들이 단식하면 우리야 식비를 줄이니 좋지요. 며칠이나 하시게? 단식 투쟁 적극 지지!"

"엄마!"

"알았어. 농담이야, 농담. 간식으로 찔 테니까 할아버지한테도 갖다 드리고."

"넵, 명령에 따르겠습니다."

엄마는 큰 냄비에 물을 붓고 소금을 푼 다음, 흙 묻은 감자를 깨끗이 씻어 냄비에 넣고 불을 붙였다.

감자가 잘 익었다. 엄마는 그중 큰 것으로 다섯 개를 골라 소쿠리에 담더니 장두루 할아버지에게 가져다 드리라고 했다. 나는 얼른 소쿠리를 받아 들고 서둘러 경비실로 향했다. 사실 정작 할아버지에게 물어보고 싶은 것을 묻지 못했기 때문이다. 감자를 들고 경비실로 가고 있는데, 경비실 앞에서 장두루 할아버지가 부녀회장에게 감자 한 봉지를 건네고 있는 것을 봤다. 부녀회장은 어색한 표정으로 감자 봉지를 받아 들었다.

"감자가 제법 튼실하지요? 큰 놈으로 골라서 담았으니까 집에 가서 삶아 드시든지, 갈아서 감자전을 해 드시든지, 채를 썰어서 볶아 드시든지 하세요. 슈퍼에서 파는 감자하고는 비교가 안 될 정도로 맛날 겁니다."

"나는 이런 것 필요 없대도 그러시네. 고집도 참 세시네요."

"그래도 봄에 아파트 화단에 텃밭을 만들기로 결정하면서 텃밭에서 나온 작물은 나누기로 약속했으니까, 나는 약속을 지키는 겁니다. 남아일언 중천금! 부녀회장님께만 드리는 것이 아니라 동 주민들에게 골고루 나눠 드릴 겁니다. 부담 갖지 마시고 가져가세요."

부녀회장은 탐탁지 않은 표정을 지었지만, 그래도 감자 봉지를 손에 꼭 쥐고 아파트로 들어갔다. 나는 부녀회장에게 어색하게 인사를 하고, 감자가 담긴 소쿠리를 장두루 할아버지에게 건넸다.

"아이고, 벌써 삶은 거야? 정말 빠르네. 마침 출출하던 차에 잘됐다. 민주도 이리 앉아서 나랑 같이 먹자."

할아버지가 냉장고에서 사이다를 꺼냈다.

"사이다도 드세요?"

"며칠 전 치킨 배달하는 친구에게 아이스크림 하나를 줬더니 사이다를 주더구나. 그래서 넣어 둔 거야. 같이 시원하게 한 잔씩 마시자."

사이다를 컵에 반쯤 따라서 나에게 주고, 할아버지는 캔째로 한 모금 마셨다. 감자를 하나씩 손에 쥐고 껍질을 벗겨 입에 넣으니 정말 꿀맛이었다.

"직접 키워 먹는 감자가 훨씬 맛있지? 사랑과 정성으로 자연을 보살피면 자연은 반드시 인간에게 좋은 것으로 되갚아 주기 마련이지."

나는 할아버지의 말씀에 고개를 끄덕이며 다시 한입 크게 감자를 베어 물었다. 할아버지는 사이다 잔을 건네며 천천히 먹으라고 했다. 나는 입 속에 감자를 남겨 둔 채 사이다를 벌컥 마셨다. 목구멍으로 넘어가는 알싸한 사이다의 느낌과 포실한 감자의 감촉이 정말 찰떡궁합이었다. 할아버지는 흐뭇한 표정으로 나를 바라보다가 감자 껍질을 까서 한입 베어 먹었다.

"할아버지, 그런데요, 사실 아까 정말 궁금한 건 못 여쭤봤어요."

"뭔데?"

"우리 시장님이 할아버지 제자 맞죠?"

"뭐, 제자랄 것까지야 없지만, 그래도 고등학교 때 내 수업을 들었으니 제자라고 해 두자꾸나."

할아버지는 의외로 순순히 대답해 주었다.

"그러면 할아버지가 선생님이셨어요? 뭘 가르치셨는데요?"

"철학을 가르쳤지."

"어쩌다가 학교를 그만두셨어요?"

"민주가 궁금한 게 아주 많구나. 말하자면 기니까 그 이야기는 접어 두도록 하자꾸나."

"그럼 시장님이 할아버지한테 뭘 부탁하신 것 같던데, 그 이야기는 해 주실 수 있나요?"

"부탁도 이미 거절했고, 그 이야기도 그리 재미난 이야기가 아니니까 패스할까?"

"전 도무지 이해가 안 돼서요."

"뭐가?"

"시장님이 스승님인 할아버지에게 부탁하신 거라면 아파트 경비원보다는 더 나은 조건일 텐데 왜 거절하셨는지 말이에요."

"아파트 경비원 하는 게 이상하니?"

"선생님 하시던 분이 아파트 경비원을 하는 게 정상은 아니잖아요."

내 이야기에 할아버지는 잠시 멈칫했다. 내가 무슨 말실수를 했나? 괜히 무안해서 나도 고개를 숙였다.

"민주야, 나는 몸도 마음도 지금이 훨씬 편하다."

할아버지의 이야기에 뾰족하게 대꾸할 말이 없어서 난 잠자코 감자를 한입 물었다. 할아버지는 사이다를 한 모금 마시고 입을 헹군 뒤 나에게 말했다.

"민주야, 산을 오르는 것하고 산에서 내려오는 것하고 어느 것이 힘드니?"

"그야 산에 오르는 게 훨씬 힘들지요. 지난번에 북한산에 올랐다가 죽는 줄 알았어요."

"그랬구나. 하지만 나이를 먹다 보면 산에 오르는 것보다 산에서 내려오는 게 훨씬 힘들단다. 잘못하면 무릎이 상하기도 하고, 발을 헛디뎌 다치는 경우도 많지."

"그런데 갑자기 왜 등산 이야기를 하세요?"

할아버지는 빙긋이 웃으며 대답했다.

"그러게. 나는 등산이 인생이 아닐까 싶구나. 젊었을 때는 어떻게 하든 높은 곳에 오르려고 안간힘을 쓰며 노력하지만, 나이가 들어서는 높은 곳보다는 낮은 곳이 편하지. 그리고 하산이 등산보다 더 힘들기 때문에 더욱더 조심해서 내려와야 하는 거야. 권력이나 지위를 가진 사람들이 더욱 위태로운 것은, 그들이 오를 줄만 알았지 내려올 줄을 모르기 때문이다. 총 가진 자는 총으로 망하고, 칼 쥔 자는 칼로 망하고, 돈 굴리는 자는 돈으로 망하는 법이지. 펜 가진 자도 펜으로 망하기 십상이란다."

"전 그래도 할아버지처럼 지혜로운 분이라면 뭔가 중요한 일을 해야 한다고 생각해요."

"민주는 그렇게 생각하는구나. 그런데 내가 상대방보다 똑똑하면 상대방은 그로 인해 마음을 다치게 되지. 자신을 드러낼수록 상대방은 가려지고, 그로 인해 사회는 더 어두워질 수도 있단다."

"무슨 말씀인지 잘 모르겠어요."

"민주야, 도시에서는 밤하늘의 별들이 잘 안 보이는데, 그 이유를 알고 있니?"

"도시가 너무 밝기 때문이라고 배웠어요."

"그러면 도시에서 밤하늘의 별을 보려면 어떻게 해야 할까?"

"도시를 어둡게 만들면 되지요."

"옳구나. 반짝이는 밤하늘의 별을 보려면 도시가 어두워져야 하는 이치처럼, 상대방의 밝은 면을 보려면 자신의 빛을 낮춰야 하지."

"조금은 알 것 같아요."

"그렇지. 민주는 지혜로운 아이니까 금세 이해할 수 있을 거야."

나는 감자 세 개를 먹어 치우고 남은 사이다를 마신 뒤, 꺽 소리를 시원하게 냈다.

"그건 마치 배가 부르면 맛있는 음식의 맛을 못 느끼는 것과 똑같은 이치 아닌가요?"

"그렇지. 민주는 하나를 가르치면 둘을 아는구나."

"사이다랑 감자를 같이 먹었더니 배가 땡땡해져서 더는 못 먹겠어요."

"그러면 맛있는 감자를 더 먹으려면 어떻게 해야 하지?"

"운동을 해서 배를 꺼뜨려야지요."

할아버지는 "배를 꺼뜨릴수록?" 하며 나에게 손가락을 내밀었다. 나는 할아버지의 손가락을 잡고 "더 많이 먹을 수 있다."고 말했다. 할아버지는 연신 "맞다, 맞아!"를 외치며 껄껄 웃었다. 나도 뭔가 깨달은 것처럼 낄낄대고 웃었다. 할아버지가 한마디 덧보탰다.

"상대방의 마음을 제대로 담으려면 네 마음을 비워야 한다."

"마음을 비운다고요?"

할아버지는 엄지손가락을 추켜세웠다.

"그래, 마음을 텅 비게 만들수록 많은 것을 그 속에 담을 수 있지. 사람들은 거꾸로 살아가지만 말이야. 욕심과 탐욕으로 가득 채워진 마음속에는 어떤 것도 담을 수 없어. 나는 높은 지위에 올라가고 싶은 욕심을 채우기보다는 민주랑 이렇게 감자를 먹으면서 즐겁게 사는 게 좋구나."

감자를 먹으면서도 이런 이야기를 하는 게 이제는 일상적인 일이 되었다. 나도 할아버지랑 이런 이야기를 나누는 게 싫지 않다. 묘한 변화다. 공부는 별로 좋아하지 않는데, 왜 할아버지랑 이야기할 때는 지루하지 않은 걸까?

토요일이라 학교 갈 일도 없고 해서 영철이나 불러 PC방에 갈까 하고 나왔는데, 어디서 본 듯한 사람이 경비실 앞에 서 있었다. 어디서 봤더라? 곰곰 생각해 보니 돼지갈빗집에서 시장님과 같이 있던 사람이었다. 이 더운 날에도 양복을 쫙 빼입고 있어서 금세 기억이 났다.

"아 글쎄, 지난번에 안 하겠다고 했으면 그만이지 젊은 사람이 말귀를 못 알아듣고 찾아왔네."

"제가 그냥 찾아온 게 아니라 시장님께서 꼭 선생님을 모셔야 한다며 저를 보내셨어요."

나는 두 분의 이야기에 끼어들 수도 없어서 어색하게 인사를 하고는 엉거주춤 서 있었다. 결론이 어떻게 날지 궁금해서 자리를 떠나기는 싫었다. 할아버지는 시장님 비서분을 의자에 앉히더니 시원한 물 한 잔을 따라 주며 말했다.

"자네, 호수공원에 있는 잉어를 보았는가?"

"그야 운동하러 갈 때마다 보지요."

"그래, 그 잉어를 보면서 무슨 생각이 들던가?"

"물속에서 천천히 유영하며 지내는 것이 부러웠습니다."

"그러면 한번 생각해 보게. 그 잉어 중에서 2미터가 넘는 가장 큰 놈이 있다고 치세. 그 잉어가 사람에게 잡혀서 탁본이 떠져 부 잣집 벽에 장식되기를 바랄까, 아니면 그냥 호수 속에서 자유롭 게 지내기를 바랄까?"

"그야 당연히 자유롭게 지내기를 바라겠지요."

"내 말이."

"네?"

"나는 지금 자유롭고 편하게 지내고 있네. 그런데 뭐가 부러워 서 그 아수라장으로 들어간단 말인가. 시장한테 가서 이 이야기 를 전하게. 나는 지금 세상의 그 누구보다 자유롭고 편안한 삶을 택해 살고 있다고. 내 말을 알아들었으리라 믿네. 자, 이제 그만 돌아가시게. 바쁠 텐데 여기서 시간 낭비하지 마시고."

시장 비서는 더 이상 말을 섞지 못하고 찬 물 한 잔을 다 비우 더니 할아버지에게 크게 인사하고 돌아갔다. 나는 괜스레 맘이 놓였다. 그래서 할아버지를 보며 활짝 웃었다. 할아버지도 나를 향해 빙그레 웃어 주었다.

나는 가벼운 발걸음으로 영철이네 아파트로 향했다. 영철이에 게 이 이야기를 해 주면 어떤 반응을 보일까? 보나마나 일단은 '헐' 할 것이다. 과연 그랬다.

PC방에서 두 시간쯤 게임을 하고 집으로 돌아오는데, 편의점 에서 장두루 할아버지가 폐지를 줍는 할아버지와 이야기를 나누 고 있었다. 멀리서 봐도 두 분이 꽤나 친한 듯했다. 나는 편의점 쪽으로 다가가 할아버지들에게 인사를 했다. 장두루 할아버지는 이리 오라는 손짓을 하더니 편의점에서 아이스크림을 사 주었다. 나는 고개를 숙여 감사를 표했다.

"이 학생이 장 영감이 말한 민주로구먼."

"그래, 바로 그 아이일세. 아주 영민한 아이지."

"장 영감에게 네 이야기는 많이 들었다. 장래가 촉망되는 아이라고 칭찬하더라."

나는 갑자기 부끄러운 마음이 들어서 조그만 소리로 "네, 감사합니다." 하고 대답했다.

"장 영감이 그러던데, 민주가 장 영감의 손주를 많이 닮았다더라. 하는 행동도 기특해서 아주 마음에 든다고."

"본인을 앞에 두고 그렇게 노골적으로 이야기하면 부끄러울 테니 그만 이야기하게."

"부끄럽기는 뭐가 부끄러워. 내가 봐도 아주 멋진 아이구먼."

더는 그곳에 있기가 멋쩍어서 서둘러 인사를 하고 아파트로 향했다. 돌아오면서 나는 왜 장두루 할아버지가 나에게 친절하게 구는지 어렴풋이 이해되기 시작했다. 할아버지에게 나 같은 손자가 있었구나. 나를 보면 손자 생각이 나시나? 아이스크림을 자주 챙겨 주는 것도 그렇고, 이런저런 이야기를 많이 해 주는 것도 그렇다. 한편 다들 가까이 하려 애쓰는 시장님하고는 멀리 지내려 하고, 동네 폐지를 줍는 할아버지하고는 친하게 지내는 것도 이상하다는 생각이 들었다. 그러고 보니 장두루 할아버지는 지위가 높은 사람들보다 아파트 청소 아주머니들이나 폐지를 모으는 할아버지들하고 친하게 지냈다. 참 희한한 분이다.

요즘은 너무 평화롭다. 학교에서 아이들과도 잘 지내고, 학원도 지겹기는 하지만 그럭저럭 다닐 만은 하다. 이런저런 일로 시끄러웠던 아파트도 별일 없이 평화롭다. 아무 일 없이 시간이 흐르는 게 좋긴 한데, 그래도 좀 무료하다는 생각이 들었다. 무슨 일이 벌어졌으면 하는 생각을 하며, 학원을 마치고 집으로 돌아오는 길에 정말 뭔 일이 생겨 버렸다. 그것도 나에게 아주 재수없는 일이.

동네 고등학교 형들이었다. 학원 끝나고 집에 오는 길에 가끔 마주치곤 했던. 담배를 피우고 가끔 술 마시는 것도 보았지만. 동네 형들이라 그냥 형식적으로 인사를 하면 형들도 한 번 피식 웃어 주는 사이라 그리 무섭게는 생각하지 않았다. 오늘도 여느 때처럼 형들이 벤치에 앉아 담배를 피우며 맥주를 마시고 있기에 지나가며 인사를 했는데, 그중 가장 덩치가 큰 형이 가까이 오라며 손짓을 했다. 형들과 어울리고 싶지 않았다. 그래서 그냥 손사래를 치면서 가던 길을 가고 있는데, 뒤통수에서 갑자기 불꽃이 튀었다. 나는 그 자리에서 쓰러졌다. 다른 형들이 말리지 않았다면 아마 엄청 맞았을 것이다.

앞으로 쓰러졌는데 일어나고 싶지가 않았다. 주변에는 사람들도 없었다. 엎드려서 들려오는 소리를 들으니, 나를 때린 형이 방금 여자 친구에게 차였단다. 그래서 화가 나서 분풀이 대상을 찾고 있었는데, 하필 그때 내가 그 자리를 지나간 것이다. 아무런 잘못 없이 봉변을 당한 것이다. 너무나 억울했다. 하지만 그 억울함을 어디에도 하소연할 수 없었다. 더 이상의 폭력은 없었지만,

내가 정말 싫어졌다. 억울한 일을 당해도 저항조차 하지 못하는 내가 정말 미웠다. 나는 무력했다.

형들은 쓰러져 있는 내가 일어나지 않자 슬금슬금 자리를 떠났다. 나는 그 자리에서 엎드린 채로 울었다. 워낙 어두운 골목이어서 그런지 다른 사람들은 지나가지 않았다. 그렇게 한참을 울다가 일어나 앉았다. 상처를 입지는 않았으나 집에 곧장 들어가기는 싫었다. 나는 아파트 주변을 배회했다. 그때 아파트 놀이터에서 이상한 소리가 들렸다.

"이크, 에크, 이크, 에크!"

그쪽으로 가 봤더니 장두루 할아버지가 몸을 흐느적거리며 팔을 앞뒤로 돌리고 다리를 들었다 놨다 하고 있었다. 춤이라고 하기엔 어설프고, 무술이라고 하기엔 좀 어색했다. 할아버지는 한참 동안을 그렇게 움직이더니 숨을 골랐다. 나는 갑자기 등장하기가 멋쩍어서 "으흠!" 하고 인기척을 냈다.

할아버지가 내 쪽을 쳐다봤다.

"아, 민주구나. 밤늦은 시간에 무슨 일이냐?"

"아, 안녕하세요. 할아버지야말로 밤늦은 시간에 뭐 하세요?"

"나? 건강을 위해 몸을 풀고 있다."

"아, 할아버지가 '이크, 에크' 하시면서 하신 동작이 건강 동작이었군요."

"그렇다고 볼 수 있지."

"그런데 소리도 그렇고 동작도 좀 웃긴데요."

"그러냐? 그래도 고조선 때부터 내려오는 동작인데."

"에이, 말도 안 돼요. 고조선 때면 단군 할아버지 땐데 그때부터 내려온 동작이 어딨어요."

"어딨긴, 바로 여기 있지. 이 동작이 바로 택견이다. 우리나라 전통 무예지."

나는 전통 무예란 소리에 귀가 솔깃했다.

"할아버지가 무예도 하세요?"

"젊었을 때부터 죽 했는데, 이제는 건강을 위해서 하는 거다. 왜, 배우고 싶니?"

"별로요."

"왜?"

"믿기지가 않아서요."

"이놈, 할아버지를 의심하는 게냐? 정 의심스러우면 나를 한번 공격해 보거라."

"안 할래요."

"왜?"

"할아버지 다쳐요."

"하, 고놈, 알았다. 네가 공격해서 내가 한 대라도 맞으면 일주일 동안 매일 아이스크림 사 주마."

"정말요? 저 지금 조금 화나 있거든요. 할아버지가 다치셔도 제 책임 아니에요?"

"알았다. 자, 공격해 봐라."

나는 할아버지를 향해 걸어갔다. 할아버지는 아까 훔쳐봤던 흐느적거리는 동작을 했다. 나는 풋! 하고 웃었지만, 할아버지는 아랑곳하지 않고 계속 움직였다. 나는 장난삼아 할아버지에게 주먹을 내뻗었다. 눈 깜짝할 사이의 일이었다. 할아버지는 내가 내뻗은 주먹을 잡고 춤을 추듯 한 바퀴를 돌았다. 그와 동시에 나는 모래밭에 내동댕이쳐졌다. 나는 너무 놀라 벌떡 일어났다. 장난이 아니었다. 다시 공격 자세를 하고 이번에는 발을 내뻗었다. 그러자 할아버지는 내가 뻗은 발을 가볍게 걷어찼다. 나는 제풀에 중심을 잃고 넘어졌다.

　도대체 무슨 일이 벌어진 거야. 마치 꿈을 꾸는 것 같았다. 되는 일이 하나도 없었다. 하루 만에 세 번이나 땅바닥에 꼬꾸라지다니. 한 번은 방심한 틈에 넘어졌지만, 이번 두 번은 제풀에 넘어진 꼴이었다. 할아버지는 내게 다가오더니 손을 내밀었다. 나는 할아버지의 손을 잡고 일어났다.

　"이제 내 말을 믿겠니?"

　나는 말없이 고개를 끄덕였다.

　"그런데 아까 네가 화가 났다고 했는데, 무슨 일이 있었니?"

　나는 한참을 망설이다가 조금 전에 일어난 일을 할아버지에게 털어놓았다. 창피해서 누구에게도 하고 싶지 않은 이야기지만, 왠지 할아버지에게는 말해도 괜찮을 것 같았다. 할아버지는 놀이터 벤치에서 말없이 내 이야기를 들어 주었다.

　"할아버지, 저 무술 배울래요. 가르쳐 주세요."

　"왜, 널 때린 형에게 복수하려고?"

　속으로는 그랬지만 겉으로는 "맞지 않으려고요."라고 말했다. 할아버지는 나를 지그시 바라보더니 고개를 끄덕였다. 나는 속으로 쾌재를 불렀다. 할아버지의 기술을 배워서 그 형을 만나면 꼭 복수하리라 다짐했다. 벤치에서 일어나 할아버지와 집 쪽으로 향했다.

"그런데 민주야."

"네?"

"내가 너에게 가르치는 것은 무술이 아니라 무예다."

"그게 무슨 차이가 있나요?"

"무술은 기술이고, 무예는 예술이지."

"그게 뭐가 다른데요?"

"기술은 아무나 배울 수 있지만, 예술은 아무나 배울 수 있는 게 아니야. 무술은 남을 이기는 데 사용하지만, 예술은 자신을 이기는 데 사용한단다."

"뭔 말인지 모르겠는데요."

"차차 알게 될 거다."

그날 이후로 일주일에 세 번, 놀이터에서 할아버지에게 택견을 배웠다. 할아버지가 가르쳐 주는 동작은 우스꽝스럽고, '이크, 에크' 하는 소리도 어색했지만, 할아버지가 가르쳐 주는 대로 열심히 따라 했다. 택견의 기본 동작으로는 품밟기, 활갯짓, 발질 따위가 있는데, 할수록 점점 익숙해지고 몸이 가벼워지는 것 같았다. 춤을 추는 듯한 발동작인 품밟기, 손으로 너울거리는 활갯짓과 늠실거리는 발질. 물 흐르듯이 바람 불듯이 몸을 움직이다 보면 땀이 줄줄 쏟아졌다. 별것 아닌 동작 같지만 몸의 균형을 잡고 힘을 조절하는 게 쉽지만은 않았다.

물론 나는 학원 수업이 끝나면 이전 길로는 가지 않았다. 그 길은 동네 형들의 아지트 같은 길이었고, 다시 그 형들과 마주치기는 싫었다. 그래서 일부러 빙 돌아서 집으로 돌아왔다. 할아버지에게 택견을 배운 지 두 달이 지났지만, 마음속에 있는 두려움은 사라지지 않았다.

장두루 할아버지는 택견을 가르쳐 주었지만 남을 공격하는 건 엄금해서 실력이 얼마나 늘었는지 확인할 수도 없었다. 나는 할아버지에게 택견을 배우는 것이 무슨 소용이 있나 싶었다. 그래서 하루는 성의 없이 수업에 임했더니 할아버지는 금세 눈치를 채고 이야기나 나누자고 했다. 나는 놀이터 벤치에 앉아서 할아버지에게 말했다.

"동네 형에게 맞은 뒤로는 하루도 그 골목을 지나가지 못했어요. 할아버지에게 택견을 배웠지만 그게 얼마나 효과가 있을지 확신도 없고요. 언제까지 배워야 하나요?"

"네가 너를 이길 때까지지."

"무슨 말씀이세요, 제가 저를 이기다뇨?"

"내가 옛날이야기 하나 해 주마. 옛날 장터에서는 투계라고 해서 닭싸움이 벌어지곤 했지. 그런데 그날 싸우는 닭들을 보면, 나는 싸우기도 전에 어떤 닭이 이길지 알 수 있었어."

"어떻게요?"

"가장 하치의 닭들은 다른 닭들을 쳐다보다가 고개를 숙이고 꽥꽥거렸어. 겁먹은 거지. 또 어떤 닭들은 보는 닭마다 싸우려고 발길질을 해 대고 날개를 퍼드덕거렸어. 싸우지 못해서 안달이 난 닭처럼 말이야. 그야말로 쌈닭이라 할 만해."

"그런 닭 중에서 우승하는 닭이 나오겠네요."

"아니, 그 닭들은 모두 우승과는 거리가 먼 닭이야. 진짜로 우승하는 닭은 수많은 닭들 사이에 있으면서도, 마치 혼자서 마당에 있는 것처럼 미동도 하지 않고 서 있는 닭이야. 그런 닭은 평소에는 결코 싸움을 하지 않아. 하지만 싸움을 하면 반드시 승리를 하지. 왠 줄 아니?"

"잘 모르겠는데요."

"그 닭은 온갖 두려움에서 벗어난 닭이기 때문이야. 이기느냐 지느냐, 죽느냐 사느냐조차 아랑곳하지 않는 닭이지. 그런 닭이야말로 자신을 이긴 닭이라 할 수 있어."

"그런 닭이 정말 있나요?"

"많지는 않지만 반드시 있단다."

"저도 그런 닭이 되고 싶어요."

"지금은 아니지만, 민주도 그런 경지에 도달할 수 있다고 나는 믿는다."

"정말요?"

"그럼."

나는 할아버지 이야기에 흠뻑 빠졌다. 할아버지는 내 어깨를 살며시 두드리며 말했다.

"그나저나 우리 민주가 동네 형들 때문에 지름길로 집에 가지 못하는 건 내가 생각해도 안 되겠다. 우리 내일 그 골목으로 가

볼까?"

"정말요?"

"그럼."

"좋아요."

할아버지랑 그 골목길을 가면 그 형들을 만나도 두렵지 않을 것만 같았다. 만약 형들이 시비를 건다면 그때는 할아버지의 진짜 실력도 보고, 내 실력도 확인해 볼 수 있는 좋은 기회가 될 것이다. 나는 기분이 좋아져서 벤치에서 펄쩍 뛰며 만세를 외쳤다. 할아버지도 내 모습을 보며 씽긋 웃었다.

걷지만 자취를 남기지 않는다

『장자』 4편의 제목은 「인간세」(人間世)이다. 풀이하자면 '사람들이 살아가
는 세상'이란 뜻이다. 어떻게 살아가야 하는가? 4편은 구체적인 사례를 들
어 살아가는 방법을 이야기한다. 사례는 여러 가지이지만 핵심은 자신의
욕심을 채우기 위해 남을 해치지 않는 것이다. 또한 자신뿐만 아니라 남의
상태를 정확히 파악하는 것이다. 손자는 이를 지피지기(知彼知己)라 했다. 내
가 칼을 들고 있다고 하더라도 남이 총을 들고 있으면 덤비면 안 된다.

『장자』 4편에서 가장 길게 다루고 있는 것은 공자와 그의 수제자 안회의
대화이다. 안회는 위나라가 독재를 행하고 있어, 이를 고치고 싶어 한다. 안
회는 다양한 방법을 제시하며 공자를 설득하려 하지만, 공자는 안회를 염
려하며 승낙해 주질 않는다. 안회는 준비가 덜 된 것이다. 공자의 이야기를
들어 보자.

너는 덕이 어떻게 녹아 없어지고, 못된 앎이 어디서 생기는지 아
느냐? 덕은 이름을 내려는 데서 녹아 없어지고, 못된 앎은 서로 겨

룸에서 생긴다. 이름을 내려는 것은 서로 삐걱거리는 것이고, 못된 앎은 겨루기 위한 무기이다. 둘 다 흉한 무기라 완전한 삶을 위해서 는 써서 안 될 것들이다.

그리고 덕이 두텁고 믿음직스럽기 그지없는 사람도 아직 다른 사 람의 기질을 알아보지 못할 수 있고, 이름을 위해 겨루지 않는 사람 도 다른 사람의 마음을 알아보지 못할 수 있다. 그런데도 억지로 인 의(仁義)니 법도니 하는 것을 포악한 사람 앞에 늘어놓는 것은 남의 못됨을 이용하여 자기 잘남을 드러내려 하는 것, 이를 일러 '남을 해 치는 것'이라 한다. 남을 해치면 자신도 반드시 해침을 받는 법, 남들 이 너를 해칠까 걱정이구나.

공자는 이름을 내고 자신의 잘남을 드러내려 하는 안회의 마음을 간파 했다. 상대방과 서로 겨룸을 통해 상대방을 해치면 반드시 자신도 해치는 결과를 초래한다는 것을 공자는 잘 알고 있었다. 안회는 두 손 두 발을 다 든다. 그럼 어떻게 하라는 말인가?

공자의 입을 통해 장자가 말한다.

공자가 말했습니다.

"굶겨라. 너에게 말한다만, 너의 마음을 그냥 가지면서 일을 도모 한다면 쉽게 될 수 있겠느냐? 쉽게 된다고 하는 자는 저 맑은 하늘 이 마땅하다 여기지 않을 것이다."

안회가 말했습니다.

"저는 가난하여 여러 달 동안 술도 못 마시고 양념한 음식도 못 먹었습니다. 이 경우에 굶은 것이라 할 수 있지 않겠습니까?”

공자가 말했습니다.

“그것은 ‘제사 때의 굶김’이지 ‘마음의 굶김’이 아니다.”

예부터 제사를 지내기에 앞서 제사를 모시는 사람은 몸을 청결히 하기 위해 술이나 고기 따위의 음식을 먹지 않았다. 심지어 며칠 전부터 굶기도 했다. 제사를 제대로 지내기 위해서 이처럼 노력한다면, 위험한 세상에 나아가기 위해서는 더욱 준비를 철저히 해야 한다. 공자의 제안은 ‘마음 굶김’, 곧 심재(心齋)이다. 마음 굶김은 자신의 삿된 욕망을 비워 나가는 훈련이다. 자신의 상태를 잘 성찰하고 밖으로는 자신이 처한 상황을 잘 관찰하여, 억지로 일을 처리하지 않고 결을 따라, 길을 따라 순리대로 처리하는 것! 그것이 세상을 살아가는 방법이다.

걷지 않고 자취를 안 남기기는 쉽지만, 걸으면서 자취를 안 남기기는 어려운 일, 사람을 위해서 일할 때는 속이기 쉬우나 하늘을 위해 일할 때는 속이기 어려운 일. 날개로 난다는 말은 들었겠지만, 날개 없이 난다는 말은 못 들었을 것이다. 앎이 있어 안다는 말은 들었겠지만, 앎이 없이 안다는 말은 못 들었을 것이다. 저 빈 것을 보라. 텅 빈 방이 뿜어내는 흰빛. 행복은 고요함에 머무르는 것.

다른 사람을 속일 수는 있지만 자신을 속일 수는 없다. 자신이 알고, 땅이 알고, 하늘이 안다. 남들에게는 욕심이 없는 것처럼 보일 수 있지만, 자신을 속이진 못한다. 뭔가를 바라고 일하는 사람은 항상 흔적이 남는다. 빈 마음으로 일해야 흔적이 남지 않는다. 보통 사람들이 걸어간 길을 보라. 거기에 온갖 흔적이 넘쳐난다. 하지만 빈 하늘을 빈 마음으로 날아간 새의 흔적은 보이지 않는다. 마음에는 날개가 없지만, 빈 마음이어야 날개 없이도 날아갈 수 있고, 고요함에 머물 수 있으며, 찬란한 빛을 뿜어낼 수 있다.

5

덕을 쌓아라

드디어 결전의 날이 왔다. 아침부터 콧노래를 하는 나를 의아하게 여긴 엄마가 물었다.

"오늘 무슨 좋은 일이라도 있니?"

좋은 일? 형들을 혼내 주는 게 좋은 일일까? 복수가 좋은 일일까? 하지만 내심 기대도 되고 걱정거리가 사라질 것만 같은 날이다.

"그냥 그런 게 있어."

나는 아침밥도 먹는 둥 마는 둥 하고 집을 나섰다. 경비실에 들러 할아버지와 어제 한 약속을 다시 한 번 확인했다. 할아버지는 경비실에 앉아서 아무렇지도 않은 듯 알았다고 했다. 일말의 긴장감도 없는 할아버지를 보자 괜히 흥분한 모습을 보인 게 무안해졌다.

학교 수업을 마치고 집으로 돌아와 밥을 든든히 먹었다. 잘 싸우려면 잘 먹어야 한다고 생각한다. 밥심이라는 게 있는 거다. 학원에 갔다가 다시 돌아와 가벼운 운동복 차림으로 경비실로 내려갔다.

"할아버지, 이제 가셔야죠."

"벌써 시간이 그렇게 됐나?"

"네, 정각 10시."

"그래, 한번 가 보자."

아파트에서 형들이 평소에 죽치고 있는 골목까지는 5분도 채 안 걸리는 거리다. 내가 두 달 넘게 가 보지 않은 길. 굴욕의 길, 공포의 길. 그 길을 할아버지와 함께 가고 있는 거다. 할아버지가 천천히 걷는 바람에 5분도 안 되는 길이 50분처럼 느껴졌다. 혹시나 형들이 없으면 어떡하지? 속으로 걱정했다. 그런데 기우였다. 멀리서도 골목에 형들이 있는 게 분명히 보였다. 나는 긴장했다. 할아버지는 그 형들을 보자 나를 쳐다봤다. 나는 할아버지에게 고개를 끄덕였다. 할아버지는 씽긋 웃으며 형들을 향해 발길을 옮겼다. 나는 할아버지 뒤쪽에 바싹 붙어 걸었다.

우리를 발견한 동네 형 하나가 먼저 말을 걸었다.

"어이, 김민주, 요즘 통 안 보이데."

어떻게 내 이름을 알았지? 이름표라도 봤나? 나는 가슴이 뜨끔했다. 동네 형들은 할아버지가 옆에 있는데도 피우던 담배를 끄지 않았다. 벤치에는 과자 몇 봉지와 다 먹은 맥주 몇 병이 놓여 있었다.

"마침 맥주도 다 먹었는데, 돈이 없어서 아쉬웠던 참에 잘됐다. 어이, 김민주, 돈 있으면 5천 원만 꿔 줘라. 내가 이자 쳐서 갚아 줄게."

목소리만 들어도 지난번에 나를 때린 형이 분명했다. 그 목소리를 듣자 다리가 후들거렸다. 가까이서 보니 덩치가 장난이 아니었다. 내 몸집의 두 배는 돼 보였다. 두 달 동안 배운 택견이고 뭐고 머리가 하얘졌다. 그런데 저 형들은 장두루 할아버지가 안 보이는 걸까?

"학생들, 공공장소에서 술 먹으면 안 되지. 아직 술 먹을 나이도 안 된 듯하구먼."

할아버지가 점잖게 타일렀다. 그러자 그 덩치 큰 형이 담배를 손가락으로 튕기며 침을 탁 뱉더니, 눈을 세모로 뜨고 말했다.

"할아버지, 가던 길이나 가시죠. 여기가 할아버지 땅도 아니고, 우리가 술을 먹든 말든 할아버지가 참견할 일이 아닌 것 같은데요."

그러자 다른 형들이 담배를 획 던지며 일어섰다. 한 형이 할아버지 뒤에 있는 나를 보고 말했다.

"어이, 김민주, 우리랑 싸우러 온 거냐? 그러려면 좀 싸울 줄 아는 사람을 데리고 와야지, 아파트 경비 할아버지가 다 뭐냐? 너 지금 우리를 무시하는 거냐? 쪽팔리게."

다른 형들이 키득거리며 웃었다. 형들은 다섯이나 되었다. 나는 머릿속으로 싸움을 그려 봤다. 내가 어떻게 한 형은 감당한다고 쳐도 할아버지 혼자서 네 명을 상대할 수 있을까? 무리일 것 같았다. 갑자기 자신이 없어졌다. 할아버지가 다치기라도 하면 더 큰 일이었다. 이쯤에서 물러서는 게 상책이다. 나는 할아버지의 옷자락을 슬며시 잡아당겼다. 그때였다.

"학생들, 과자에다가 술 먹으면 몸 축난다. 술은 이제 된 것 같고, 내가 치킨 사 줄 테니 치킨집으로 가자. 그리고 우리 민주 앞으로 괴롭히지 마라. 동네 형들이면 동네 동생을 보호해 줘야지, 창피하게 때리고 삥이나 뜯어서야 되나."

할아버지가 이야기하자 나를 때린 형이 픽 웃었다.

"어이쿠, 우리 민주 할아버지. 차림새를 보아하니 요 앞 아파트 경비원 하시는 것 같은데요. 맞고 다니는 손주 불쌍해서 저희들한테 뇌물이라도 주시게요? 우린 치킨 싫어하거든요. 동물 보호 차원에서 육식 안 한 지 꽤 됐거든요."

옆에서 다른 형들이 키득댔다.

"그러니까 치킨은 관두고 그냥 현금으로 주시지요. 그리고 아파트 아이 불쌍하다고 이렇게 나대시다간 큰일 나세요. 낄 데 끼셔야지요. 할아버지가 무슨 슈퍼히어로인 줄 아세요?"

이제 형들은 노골적으로 깔깔대기 시작했다. 어떤 형은 배를 움켜쥐고 웃다가 눈물까지 흘렸다. 이게 무슨 봉변이람. 너무 창피해서 얼른 그 자리를 벗어나고 싶었다. 나는 계속 할아버지 옷자락을 잡아당겼다. 그러나 할아버지는 꿈쩍도 하지 않았다.

"물론 내가 슈퍼히어로는 아니지. 하지만 너희들은 뭐냐? 착한 동네 동생 하나를 괴롭히려고 떼거리로 몰려다니는 너희들은 그럼 슈퍼 찌질이들이냐?"

"할아버지!"

나를 때렸던 형이 고함을 쳤다. 그 목소리에 분노가 섞여 있었다. 다른 형들도 당장 달려들 기세였다.

"할아버지가 저희들의 인내심을 시험하고 싶으신 모양인데, 이제 그만하시지요. 노친네라서 봐드렸더니 저희가 만만해 보이세요?"

"만만하게 보이기는. 못된 고등학생으로 보인다."

"정말 이 할아버지가!"

나를 때린 형이 주먹을 휘둘렀다. 하지만 그 주먹은 할아버지에게 닿지 못하고 허공을 갈랐다. 대신 몸이 휙 돌아간 형은 할아버지 품에 덥석 안겼다. 마치 할아버지가 뒤에서 백허그를 하고 있는 모양새가 되었다. 그 형은 할아버지 품에서 벗어나려고 발버둥을 쳤다. 하지만 희한하게도 품 안에서 좀체 벗어나지 못했다. 그때 할아버지가 그 형 귀에 대고 조용히 말했다.

"저기 동네를 순찰하는 경찰 둘이 보이지? 꼼짝 말고 있어라."

할아버지는 조용히 팔을 풀어 형을 바로 세웠다. 형들은 도망가지도 못하고 어설프게 서 있었다. 골목 어귀에서 순찰을 돌던 경찰 둘이 다가왔다.

"무슨 일이십니까?"

"별일 아니오."

"무슨 고함 소리가 들리는 것 같던데요, 괜찮으십니까?"

"아니, 손주가 잘 아는 동네 아이들하고 치킨이나 먹으려고 왔는데, 얘들이 치킨이 싫다고 해서 뭘 사 줘야 하나 이야기하고 있는 중이었소."

"아, 그러세요?"

경찰은 손전등을 켜서 동네 형들을 확인하려고 했다. 형들이 고개를 돌려 불빛을 피했다.

"아이들에게 불빛 비추지 마시게. 눈이 부시잖아."

"그래도 신원을 확인해야 해서요."

"어허, 내가 아는 동네 학생들이라니까."

그때 뒤에 서 있던 경찰이 앞으로 나오며 할아버지에게 다가섰다.

"정말 아는 아이들입니까?"

"내가 아파트 순찰하면서 친하게 지내는 아이들이네."

할아버지는 태연하게 대답했다. 할아버지는 심지어 자신에게 주먹을 휘두르던 형의 머리를 쓰다듬기까지 했다. 그 형은 이러지도 저러지도 못하고 어색하게 서 있었다.

경찰은 믿기지 않는다는 표정을 지으며 손전등으로 주변을 살폈다. 그러다 벤치에 과자 봉지와 빈 술병이 널려 있는 것을 발견했다.

"어떤 놈들이 여기서 술을 먹고 이렇게 어질러 놔서 내가 이 아이들하고 이것들을 치우려고 했네. 내가 알아서 할 테니 순찰이나 도시게."

할아버지가 경찰의 등을 떠밀었다. 경찰이 형들을 한 번 쭈욱 훑어보았다.

"요즘 아파트 주변에서 술 먹고 떠드는 학생들이 있다는 민원이 들어와서요. 얘들은 아닌가 보네요."

옆에 있던 다른 경찰이 형들에게 나지막한 목소리로 일렀다.

"너희들 여기 있다가 괜한 오해 받지 말고 어서 집으로 돌아가거라."

경찰들이 돌아간 자리에 다시 동네 형들과 우리만 남았다. 묘한 정적이 흘렀다. 영락없이 경찰에게 잡혀갈 거라 생각했던 형들은 할아버지의 임기응변에 적잖이 놀란 모양이었다. 나도 경찰이 와서 잘됐다 생각했는데, 할아버지가 형들을 감싸 줘서 내심 놀랐다. 정적을 깬 것은 장두루 할아버지였다.

"자, 이제 경찰 문제는 해결했고, 우리가 어디까지 했더라……. 하던 건 마저 해야지. 치킨은 싫다고 했지. 그러면 뭘 사 주면 되나, 뇌물로?"

그러자 나를 때렸던 형이 어색하고 낮은 목소리로 말했다.

"김영란법 시행 후에 뇌물은 금지된 것으로 알고 있습니다."

주변에서 끽끽거리며 웃음을 참는 소리가 들렸다. 나도 하마터면 웃을 뻔했다. 정작 웃음이 터진 것은 장두루 할아버지였다.

"김영란법? 푸하하하! 유머 감각이 있는 친구로군. 배포도 있고. 자네가 마음에 들었네. 이름이 뭔가?"

그러자 그 형은 공손하게 대답했다.

"이영후입니다. 그리고 감사합니다. 저희가 미웠을 텐데 저희를 감싸 주셔서. 그리고 버릇없이 굴어서 죄송합니다. 잘못했습니다."

할아버지가 그 형의 어깨를 치며 말했다.

"영후 군, 사과야 민주한테 직접 해야지. 나한테 할 건 없네."

"아닙니다. 할아버지께 먼저 사과드리겠습니다. 그리고 민주야, 지난번에는 미안했다. 내가 갑자기 뚜껑이 열려서."

그 형은 할아버지에게 인사를 하고 내게 손을 내밀었다. 주변형들도 할아버지에게 고개를 숙이고 나에게 손을 내밀었다. 나는 갑작스런 변화에 어리둥절하면서도 형들이 내민 손을 잡아 악수를 나눴다.

형들이 다시 한 번 할아버지에게 인사를 하고 자리를 피해 가려고 하자, 할아버지는 형들을 불러 세우고 말했다.

"갈 땐 가더라도 여기 벤치에 있는 맥주병하고 과자, 그리고 담배꽁초는 봉지에 담아서 편의점에 갖다 놓고 가거라. 너희가 어지른 건 너희가 치워야지."

그 말을 듣고 형들이 와서 급히 자리를 치웠다. 그리고 할아버지에게 다시 한 번 인사를 했다. 그때 할아버지가 나를 때린 형을 불렀다.

"영후 군, 이리 오게."

형이 다가오자 할아버지는 바지 주머니에서 이만 원을 꺼내 형에게 내밀었다. 영후 형이 당황하며 손사래를 쳤다.

"받게나. 그리고 민주랑 사이좋게 지냈으면 좋겠는데."

"민주랑은 별일 없겠지만, 그 돈은 안 받겠습니다."

"이 돈은 뇌물이 아니고 자네들이 손주 같아서 주는 거야. 치킨이 싫으면 피자라도 사 먹게."

"사실 치킨 좋아합니다. 하지만 아르바이트해서 사 먹겠습니다. 감사합니다."

영후 형은 인사를 하고 달려갔다. 다른 형들도 다시 한 번 할아버지에게 인사를 하고 사라졌다.

다행히 별 큰일은 벌어지지 않았고 사과까지 받아 내기는 했지만, 그동안 닦은 무예 솜씨를 제대로 발휘해 보지도 못하고 끝난 게 못내 아쉬웠다. 나는 그렇다 치고 할아버지라도 나서서 동네 형들을 혼내 줄 줄 알았는데 그마저도 희한하게 종결되고 말았으니 결전이라고도 볼 수 없고, 복수라고는 더욱 말할 수 없는 지경이다. 도무지 일이 어떻게 돌아갔는지 정리가 되지 않았다.

나는 집으로 돌아가는 길에 할아버지에게 따지듯 물었다.

"할아버지, 저는 형들과 싸우기 위해서 두 달 동안 피나는 연습을 했는데, 할아버지는 오히려 그 형들을 두둔하고 뇌물까지 줄 생각이었어요?"

"그건 뇌물이 아니라 선물이라고 하는 거야."

나는 뾰로통해져서 할아버지에게 쏘아붙였다.

"선물이 됐든 뇌물이 됐든 결국 할아버지는 돈으로 문제를 풀려는 거 아니에요."

"주먹으로 문제를 해결하면 평화가 올 것 같으냐?"

"그럼 돈으로 문제를 해결해요?"

"하하, 고놈 참. 돈이 아니라 이뻐서 주는 선물이라니까. 게다가 마지막에 떠난 그 너 때린 놈, 그놈 유머 감각 있지 않니?"

"유머는 무슨 얼어 죽을 놈의 유머."

"내가 너도 피식 웃는 걸 봤는데."

"어이가 없어서 그랬어요."

"뭐가 됐든 그놈 나중에 크게 될 놈이다. 자기가 잘못한 것도 분명히 사과할 줄 알고. 걔랑 형 동생으로 잘 지내라."

"그럴 일 없네요."

"사람 일이란 나중에 어찌 될지 모르는 거다."

집에 다 올 무렵 할아버지가 물었다.

"그런데 너하고 너를 때린 형하고 싸움에서 누가 이긴 것 같으냐?"

"이기다뇨, 우린 주먹 한 번 휘두르지 않았는데요."

"이놈아, 주먹만 휘두르는 게 싸움이 아니야. 내가 택견을 가르칠 때, 가장 궁극적인 싸움은 누구와의 싸움이라고 했냐?"

"……자신과의 싸움이라고……."

"그래, 그 자신과의 싸움에서 누가 이긴 것 같으냔 말이다. 너냐, 그 형이냐?"

나는 갑자기 뒤통수를 맞은 기분이었다. 나는 그 형을 혼내 줄 생각밖에 없었는데, 그 형은 자신의 잘못을 깨닫고 나에게 사과를 했다. 그럼 결국 싸움에서 승리한 것은 사과를 받아 낸 내가 아니라 사과를 한 그 형인가? 결국 나는 이 싸움에서도 졌다는 말인가? 나는 할아버지의 질문에 대답도 못 하고 꿀 먹은 벙어리처럼 걷기만 했다. 아, 갈 길이 멀구나.

며칠이 지났다. 나는 다시 지름길인 골목길을 걸을 수 있었다. 한 차례 그 형들과 맞닥뜨렸지만, 나에게 시비를 걸기는커녕 오히려 할아버지의 안부를 물으며, 잘 지내라고 손까지 흔들어 줬다. 심지어 나를 때린 형은 초콜릿을 내밀며 먹으라고 해서 받아먹기까지 했다. 뭐지, 이 애매한 사이는?

학원을 마치고 늦게 집으로 돌아가던 날, 경비실에 있는 장두루 할아버지를 만났다.

"안녕하세요, 할아버지. 동네 형들이 할아버지께 안부를 전하라는데요."

"그래, 그 형들과 잘 지내나 보구나."

"잘 지내는 건 아니고 데면데면하긴 한데, 그렇다고 적대적인 것은 아니고. 잘 모르겠어요."

"그렇구나. 차차 나아지겠지. 그런데 민주도 대단한데. 동네 형들과 만났다는 건 다시 그 골목길을 다니기 시작했다는 거 아니냐?"

"그야 그렇죠. 시비가 붙으면 한번 싸워 볼 생각도 있었는데, 좀처럼 시비를 걸지 않네요."

"왜, 네가 먼저 시비를 붙여 보지 그랬니?"

절대로 그럴 생각은 없었다. 고작 택견 몇 달 배웠다고 대적할 수 있는 형들이 아니었다. 하지만 겉으로는 "그럴 걸 그랬나?" 하고 말했다. 할아버지는 피식 웃었고, 나는 씩 웃었다.

"그런데 할아버지는 도대체 정체가 뭐예요? 농사도 지으시고, 철학도 하시고, 택견도 고수이고, 또 이 아파트에 오시기 전에 뭘 하셨어요?"

"네가 들으면 깜짝 놀랄걸?"

"정말요? 혹시 비밀 요원 같은 것 하셨어요? 제이슨 본처럼요."

"누구?"

"미국 첩보 영화에 나오는 주인공요. 맷 데이먼이 주연한 영화인데, 못 보셨어요?"

"007 같은 거 말이냐? 제임스 본드?"

"제임스 본드가 아니고 제이슨 본요."

"아, 이놈아, 그게 그거지. 제이슨 본은 제임스 본드 아들이냐?"

"하, 할아버지, 제임스 본드는 영국 사람이고 제이슨 본은 미국 사람인데 아들이라뇨."

"어쨌든 그런 건 안 했다."

"그럼 뭘 하셨는데요?"

"철학 교사 그만두고 고향으로 내려가서 학교를 차려 교장 노릇도 좀 했지."

"무슨 학교요?"

"청소년 농부학교."

"그런 학교도 있어요?"

"그럼, 큰 규모는 아니지만 그래도 한 학년에 20명씩은 받아서 잘 지냈지. 지금은 정원이 100명이 넘는 학교다."

"그럼 거기에 남아서 교장 선생님 하시면 되지 뭐하러 이곳까지 오셨어요?"

"글쎄다. 학교도 자리를 잡았고 때가 되어 정년 퇴임을 한 거지. 그런데 마침 양 선생이 나에게 이곳을 부탁해서."

"양 선생이라뇨?"

"나 이전에 아파트 경비를 섰던 사람 말이다."

"아, 그 양씨 아저씨요? 그분하고 친하세요?"

"친하다마다. 그 양반 집 땅을 기부받아 청소년 농부학교도 세우게 됐는데. 그 양반 지금 그곳에 가서 나 대신 교장 선생을 하고 있을 거다."

"정말요? 그렇게 대단한 분이었어요? 그럼 땅부자겠네요."

"그럼, 고향에 내려가면 양 부자로 통한다니까."

나는 속으로 정말 깜짝 놀랐다. 이전의 경비원인 양씨 아저씨가 부자라는 것도, 교장 선생님이라는 것도 믿기지 않았고, 장두루 할아버지가 청소년 농부학교 교장 선생님까지 했다는 것도 참으로 놀라운 일이었다. 세상은 참으로 요지경 같구나.

"그러면 할아버지가 정년 퇴임을 하면서 양씨 아저씨가 교장하려고 내려가신 거예요?"

"그런 셈이지. 그 친구 참 재미난 친구야. 도시 경험을 하겠다면서 아파트 경비원을 하더니 어느 날 나에게 이 자리를 물려주고 내려갔으니."

"그러면 할아버지도 언젠가 내려가시겠네요?"

"그러잖아도 양 선생한테 전화가 왔는데, 철학 교사 자리가 비어 있다고 내려오라고 하더구나. 정년 퇴직도 했고 싫다고 했는데도 한사코 권하니, 원."

"그래서 내려갈 생각이세요?"

"아파트 경비원도 1년 계약직이니 내려가야겠지. 왜, 아쉽냐?"

"……."

나는 갑자기 할 말을 잃어버렸다. 가슴속에서 뭔가 뜨거운 것이 올라왔다. 얼굴도 벌겋게 달궈지는 것 같았다. 갑작스럽게 눈물이 솟아올랐다. 너무나 쉽게 그만둔다는 말을 하는 장두루 할아버지가 원망스럽기까지 했다. 왜 나에게 이런 반응이 일어난다는 말인가. 할아버지도 나의 반응을 보고 잠시 말이 없다가, 내 머리를 쓰다듬으며 말했다.

"사람은 누구나 만나면 헤어지기 마련이다. 죽음이야 이생에서 영원한 헤어짐이 되겠지만, 내가 죽는 것도 아니니 너무 상심하지는 말거라. 우리는 아마도 인연이 훨씬 더 길어질 것 같으니 말이다."

할아버지의 위로의 말도 귀에 들리지 않았다. 갑작스런 상실감에 감정을 추스릴 수 없었다. 지금 당장 헤어지는 것도 아닌데, 당장 헤어지는 것만 같은 느낌이었다. 엄마 아빠랑 헤어지게 되면 이런 감정이 생길까? 상상도 하기 싫었다. 나는 할아버지에게 인사도 하는 둥 마는 둥 하고 엘리베이터를 탔다. 집에 어떻게 들어왔는지 기억조차 나지 않았다. 그냥 내 방에 들어가 누워 버렸다.

다음 날 아침, 평소보다 일찍 일어났다. 잠을 설친 것이다. 아침 일찍 방문을 열고 나오는 내 모습이 낯선지 엄마가 말했다.

"어머, 해가 서쪽에서 뜨겠네. 평소에는 밥상 차려 놓고 일어나라고 해도 5분만 5분만 하던 애가."

나는 "응, 그냥." 하며 욕실로 갔다. 찬물에 얼굴을 몇 번이고 씻고 나서야 멍청한 기운이 사라지는 듯했다. 너무 일찍 일어났는지 머리가 어질어질하다. 나는 거실 탁자로 가서 의자에 털썩 주저앉았다. "후유." 하고 한숨이 나왔다.

"아니, 애가 아침 댓바람부터 무슨 한숨을 그렇게 크게 쉬니. 아파트 바닥이 꺼져 내리겠다. 무슨 일 있었니?"

"응, 할아버지가 그만두신대."

"경비 할아버지 말하는 거야? 장두루 할아버지?"

"응, 올겨울에 그만두실 것 같아."

"아니, 왜? 무슨 일이 생겼대?"

"무슨 일이 생긴 건 아니고, 고향에서 교장 선생님 하시다가 정년퇴직 하고 올라오셨는데, 다시 철학 교사 제안을 받으신 모양이야. 계약 기간 끝나면 다시 고향으로 내려가시려나 봐."

"그래? 학교 교장 선생님까지 하셨어? 어쩐지 경비를 하시기에는 뭔가 있어 보인다 했다."

"그래도 난 할아버지가 이 아파트에 경비원으로 쭉 계셨으면 좋겠는데."

"아이고, 너 좋으라고 경비를 쭉 하셔? 너 너무 이기적인 거 아니야?"

'이기적'이라는 엄마 말에 귀가 솔깃해졌다. 곰곰 생각해 보니 내 생각만 한 것 같았다. 할아버지 입장에서 보자면 힘든 아파트 경비원 노릇보다는 고향에서 편안하게 선생님을 하는 게 훨씬 나을 것이다. 거기까지 생각이 미치자, 어제 갑자기 퉁명스럽게 굴며 경비실을 나와 버린 내 모습이 창피했다.

"엄마 말을 들으니, 딴은 그러네. 내가 너무 내 생각만 했나 봐. 난 마치 할아버지가 우리 친할아버지처럼 여겨져서."

"그건 나도 마찬가지야. 너를 친손주처럼 귀여워해 주시고, 너에게 이런저런 것을 가르쳐 주셔서 난 친할아버지보다 더 친한 느낌이었어."

"엄마도 그래?"

"그럼, 나뿐만 아니라 아빠도 은근히 그런 생각을 하시던데."

"정말?"

"그래."

"그럼 우리 장두루 할아버지한테 가서 우리 할아버지 해 달라고 하자."

"얘가 정신이 없네. 할아버지도 어엿한 가정이 있고 자식에 친손주들도 있는데, 그게 어디 말이나 되는 얘기니?"

"그런가?"

"그렇지."

"그런데 할아버지 자식과 손주들은 모두 외국에 나가 있고, 할머니도 돌아가셔서 국내에서는 할아버지 혼자 사시는 것 같은데, 우리가 그냥 여기서 할아버지 식구가 되면 안 되나?"

"참, 너도 별생각을 다 한다. 그게 어디 우리 마음대로 될 일이니? 떡 줄 사람은 생각도 않는데 김칫국부터 마시는 꼴이지."

"떡을 주실지 마실지 어떻게 알아. 내가 할아버지에게 가서 한 번 말해 볼 테야."

"그러시든지."

"정말? 나 한다?"

엄마는 나를 보고 빙긋 웃었다. 주섬주섬 운동복을 챙겨 입고 문밖을 나서려는데 엄마가 불러 세웠다.

"너 어디 가니?"

"할아버지 뵈러."

"아침 댓바람부터?"

"할아버지 퇴근하기 전에 뵈어야지. 못 뵈면 내일이나 만날 수 있단 말야."

"아이고, 급히 먹는 떡이 체하는 법이야. 생각 없이 행동하지 말고 찬찬히 해라. 오늘 당장 그만두시는 것도 아닌데."

"아냐, 쇠뿔도 단김에 빼랬다고 지금 가서 말씀드려 볼래."

"저 성미하고는. 꼭 제 아빠 닮았네. 알았다, 어여 다녀와. 할아버지가 네가 원하는 답을 주지 않아도 너무 실망하지 말고. 밥 먹기 전에 와야 해. 학교 늦으니까."

"옛썰!"

나는 힘차게 밖으로 나왔다. 아침 햇살이 따스하게 비쳐 왔다. 바람은 신선했다. 할아버지는 마침 경비실에 있었다. 사복으로 갈아입은 모습을 오랜만에 봤다. 나는 할아버지에게 달려가 인사를 했다.

"아이고, 우리 민주가 아침 일찍 무슨 일이냐? 밥은 먹었고?"

"아직요. 할아버지 퇴근하시기 전에 뵈려고요."

"무슨 일로?"

"다른 게 아니라……."

"다른 게 아니라?"

"다른 게 아니라, 할아버지가 저희 할아버지 돼 주시면 안 돼요?"

"그건 무슨 소리냐?"

"물론 할아버지께 아드님도 계시고 손주도 있는 건 아는데요, 저는 친할아버지도 외할아버지도 없거든요. 그래서 제 할아버지가 돼 주셨으면 해서요."

"글쎄다."

"할아버지는 제가 싫으세요?"

"싫기는……. 다만 좋고 싫고를 떠나서 갑작스럽게 그런 제안을 받으니 조금 당황스럽긴 하구나."

"호적상의 할아버지가 되어 달라는 말은 아니고요, 그냥 할아버지하고 친할아버지처럼 좋은 관계를 계속 맺고 싶어서요."

"그거야 어려울 게 없다만. 너희 엄마 아빠와 상의하고 하는 얘기냐, 아니면 네가 갑작스럽게 이야기하는 것이냐?"

"엄마하고는 얘기했어요."

"엄마도 좋으시대?"

"네, 대찬성이래요."

나는 '대찬성'이라는 말에 힘을 주었다. 사실 엄마가 대찬성이라고 말하지는 않았지만, 이렇게 과장을 해서라도 할아버지에게 긍정적인 답을 받고 싶었다. 할아버지는 나를 물끄러미 쳐다보더니 입을 열었다.

"지금 대답해야 하니?"

나는 '네'라고 말하고 싶었으나, 혹시 할아버지가 '안 된다'고 할까 봐 조금은 걱정되었다.

"지금 당장 말씀해 주지 않으셔도 돼요."

잘한 걸까?

"알았다. 생각할 시간이 필요할 것 같구나."

"할아버지, 〈대부〉라는 영화를 보면, 친아버지 말고도 '대부'라는 게 있잖아요. 그러니까 할아버지도 그렇게 저에게 대부가 돼 주시면 좋겠어요."

"이놈아, 대부는 아버지급이고, 나는 할아버지급이니까 말을 만들려면 '대조부'라고 해야지."

"히히, 그런가요? 어쨌든 새로 할아버지가 생기는 일은 멋진 것 같아요. 할아버지의 긍정적인 답변을 기다리겠습니다."

"얼씨구, 이놈 말투 좀 보게나. '긍정적인 답변을 기다리겠습니다'라는 말투는 어른들이 뭔가를 거래할 때나 하는 말투야."

"그런가요? 히히."

"허, 고놈."

나는 급히 인사를 하고 집으로 올라왔다. 엄마와 눈이 마주치자, 엄지를 척 들어 올렸다. 밥상이 다 차려져 있었다. 아버지도 엄마에게 이야기를 들은 듯 나를 보고 씩 웃었다. 나는 할아버지와 나눈 이야기를 전했다. 오랜만에 달게 아침밥을 먹었다.

할아버지에게 말을 꺼낸 지 사흘이 지났는데도 할아버지는 별 말씀이 없었다. 점점 초조해지기 시작했다. 공부도 하는 둥 마는 둥, 학원도 가는 둥 마는 둥, 친구와 PC방에 가서 놀아도 노는 둥 마는 둥 일주일이 넘도록 둥둥 떠다니며 살았다.

그러던 토요일 점심, 엄마가 외식을 하자고 했다. 온 가족이 다시 돼지갈빗집으로 향했다. 고기라면 사족을 못 쓰는 나지만, 여느 때와는 다른 분위기가 감지돼서 그런지, 그리 신나지는 않았다. 돼지갈빗집은 토요일 점심시간인데도 한산했다. 요즘은 경제가 어려워서 고깃집도 장사가 안 된다는 이야기를 들었지만, 정말로 그렇다는 걸 실감했다.

창가 탁자에 자리를 잡고 고기를 시켰는데, 그때 맞은편 문에서 장두루 할아버지가 들어왔다. 엄마 아빠가 얼른 일어나 할아버지와 인사를 나눴다. 어, 할아버지가 오시기로 한 건가? 나도 얼떨결에 일어나 할아버지에게 인사를 했다. 할아버지는 내 머리를 쓰다듬어 주고는 자리를 잡고 앉았다.

고기가 익어 가자 할아버지와 우리 집 식구들은 식사를 시작했다. 평소 같으면 시끌벅적했을 텐데 말없이 식사만 하는 분위기에 점점 불안해졌다. 평소에 많이 먹히던 고기도 별로 맛이 없게 느껴졌다. 그때 엄마가 아빠의 옆구리를 툭 쳤다. 그러자 아빠는 다시 엄마의 옆구리를 툭 쳤다.

"당신이 이야기하구려."

"아이, 당신이 얘기해요."

할아버지는 말없이 고기를 먹었다. 나는 불길한 느낌이 들었다. 그때 엄마가 입을 열었다.

"민주야, 엄마와 아빠가 할아버지를 따로 만나 뵙고 네 생각에 대해서 이야기를 나눴는데……."

나는 어른들의 얼굴을 둘러보았다. 별 표정이 없었다. 나는 젓가락을 내려놓았다.

"할아버지가……."

내가 생각하는 최악의 상황이 벌어질 것만 같아 불안했다.

"네 부탁을……."

나는 고개를 숙였다.

"……기꺼이 들어주시겠대."

갑자기 머릿속이 하얘졌다. 지금 엄마가 뭐라고 한 거지? 혹시 내가 잘못 들은 건 아닐까? 나는 고개를 들고 할아버지와 부모님을 번갈아 쳐다보았다.

"서프라이즈! 놀랐지? 할아버지가 흔쾌히 네 부탁을 들어주시겠대. 민주 할아버지가 되어 주시겠다는구나."

엄마의 말이 떨어지자마자 아빠가 "건배!"를 외쳤다. 어른들은 모두 건배를 외치고 물잔을 들었다. 엄마가 박수를 쳤다. 나는 갑작스런 분위기 전환에 당황스럽기도 하고 기쁘기도 해서 어떤 표정을 지어야 할지 몰랐다.

할아버지가 내 등을 두드리며 나를 안아 주었다. 나는 엉겁결에 할아버지 품에 안겨 눈물을 흘렸다. 장두루 할아버지가 내 할아버지가 된다는 사실이 실감 나지 않았다. 나는 얼른 눈물을 훔쳤다.

"깜짝 놀랐잖아요. 나는 할아버지가 거절하시는 줄 알았단 말이에요."

엄마는 다시 내 눈물을 닦아 주며 웃었다.

"어제저녁에 너 몰래 우리끼리 만나서 오늘 너한테 깜짝쇼를 보여 주자고 작전을 짠 거야. 우리 민주가 정말 놀랐나 보네. 그럼 우리 작전이 성공한 건가?"

"성공했네요. 좋으시겠어요, 성공하셔서."

나는 울다가 웃다가 하며 다시 젓가락을 들어 가장 큰 고깃점을 집어서 한입에 욱여넣었다. 돼지갈비는 정말 맛있었다. 아버지는 소주 한 병과 사이다 한 병을 시켰다.

"이렇게 좋은 날, 술이 없으면 서운하지. 어른은 소주 한 잔, 민주는 사이다 한 잔. 이제 정식으로 건배를 해 볼까?"

모두가 잔을 높이 들었다. 아버지가 목소리를 높였다.

"자, 내가 외치는 대로 따라 외쳐 주세요. 할아버지, 감사합니다!"

"할아버지, 감사합니다!"

할아버지는 말없이 웃으며 잔을 부딪고 맛있게 한 잔을 비웠다. 할아버지가 잔을 내려놓고 말했다.

"민주 덕분에 새로운 식구가 생겨서 정말 좋습니다. 미국에 있는 아들과 손주들에게 전화를 해서 민주 이야기를 해 줬더니, 우리 식구도 흔쾌히 동의해 주었습니다. 혼자 적적하게 지내는데 좋은 식구를 만난 것 같다면서요. 그리고 민주 아빠와 엄마와도 이런저런 이야기를 나누며 좋은 시간을 보냈습니다. 우리가 비록 피를 나눈 가족은 아니지만, 이렇게 좋은 인연으로 나를 가족으로 받아 주어 고맙습니다. 앞으로 함께 즐거운 시간을 많이 보냈으면 좋겠습니다."

나와 엄마, 아빠는 크게 박수를 치며 할아버지를 환영했다. 할아버지도 활짝 웃었다. 나는 세상에서 제일 행복한 사람이다. 이제 아무것도 부럽지 않다. 나에게도 할아버지가 생겼다. 만세!

"할아버지께서 이번 겨울방학 때 우리 식구를 고향 집으로 초대하셨어. 집이 큼지막해서 우리 식구가 머물기에도 그만일 거라고 하시면서. 민주 너도 좋지?"

엄마의 말에 나는 엄지를 치켜들고 외쳤다.

"물론이죠. 정말 좋아요."

다들 활짝 웃었다. 내 생이 제발 오늘만 같아라.

"이참에 아예 우리가 할아버지 고향으로 내려갈까?"

아버지의 즉석 제안에 할아버지는 일단 내려가서 구경 한번 해 보고 이야기하라며, 시골 생활이 도시 사람에게 그리 만만치는 않을 거라고 했다. 엄마가 아버지의 허벅지를 살짝 꼬집었다.

"어이구, 본전도 못 찾을 얘기는 왜 해요. 당신은 항상 즉흥적이어서 문제예요. 이제 나이도 드실 만큼 드셨으니 좀 진중해지시지요."

"좋은 일은 미루지 말고 당장 하라는 말이 있어요. 나는 도전할 테야. 나는 청춘이니까!"

아버지가 이렇게 외치며 크게 웃었다. 우리도 덩달아 웃었다. 아버지의 저 무모한 도전 정신은 못 말린다. 엄마는 나도 그 피를

물려받았다고 말하곤 했다. 부전자전이라나 뭐라나. 뭔들 어떤
가? 지금 나는 기분이 너무도 좋은 것을.

* * *

가을은 참 예쁘다
하루하루가
코스모스 바람을
친구라고 부르네
가을은 참 예쁘다
파란 하늘이
너도나도 하늘에
구름같이 흐르네

가을이다. 엄마는 아침 식사를 준비하며 라디오에서 흘러나오
는 박강수의 〈가을은 참 예쁘다〉를 따라 부른다. 그런 엄마 모습
이 참 예쁘다.

조각조각 흰 구름도 나를
반가워 새하얀 미소 짓고
그 소식 전해 줄 한가로운
그대 얼굴은 해바라기
나는 가을이 좋다

낙엽 밟으니
사랑하는 사람들
단풍같이 물들어

엄마 얼굴이 해바라기처럼 훤하다. 오늘은 아파트 김장을 담
그는 날이다. 장두루 할아버지가 화단 대신 아파트 텃밭을 만들
고 나서, 여름이면 고추와 방울토마토를 따 먹었고, 상추도 마음
껏 뜯어 먹었다. 감자도 캐어 삶아 먹고, 옥수수도 따 먹고, 또 새
로 만든 밭에 배추며 김장 무며 쪽파며 갓을 심어 김장 준비를 했
다. 빨갛게 익은 고추를 볕 잘 드는 곳에 말려 고춧가루도 빻았
다. 어제는 우리 동 부녀회원과 아저씨들이 배추와 무를 뽑아 아
파트 경로당에서 다듬고 소금에 절여 두었다. 오늘은 본격적으
로 김장하는 날이라 나도 거들기로 했다.

아침 일찍 식사를 마치고 엄마랑 아파트 경로당에 가니 벌써
많은 사람들이 와서 김칫소를 만들고 있었다. 아저씨들은 소금
물에 절인 배추를 여러 차례 씻어 한쪽에 차곡차곡 쌓고 있었다.

모두들 즐거운 표정이다. 이번에 공동으로 담그는 김장 김치
는 양로원과 독거노인들에게 드리기로 했다. 다른 동에서 온 사
람들도 드문드문 보였는데, 우리 동의 김장 행사를 부러워하는
눈치였다. 도시에서 이렇게 함께 김장을 담그는 건 흔히 볼 수 없
는 일이라며, 지역 신문 기자도 와서 사진을 찍었다. 아저씨들은
김장에 보쌈이 빠져서는 안 된다며 얼마씩을 거둬 주방에서 돼
지고기를 삶았고, 몇몇 할머니들은 겉에서 뜯어 낸 배춧잎을 깨

끗하게 다듬어 배춧국을 끓였다. 된장을 풀어 끓이는 배춧국 냄새가 구수했다.

드디어 본격적으로 김장을 담그기 시작했다. 아저씨들이 커다란 소쿠리에 절인 배추를 차곡차곡 담아 와 아주머니들이 둘러앉은 한가운데 쏟아 놓자, 아주머니들은 너나없이 배춧속을 넣기 시작했다. 나는 그렇게 완성된 통김치를 가지런히 김치 통에 담는 역할을 맡았다. 엄마가 김장을 할 때마다 내가 담당했던 일이기도 해서 아주 익숙하게 담으니 주변 아주머니들의 칭찬 소리가 들린다.

"아이고, 이 학생 이제 장가가도 되겠구먼. 김치를 통에 넣는 폼이 아주 잘 어울리네. 뉘 집 아들인고?"

다 아시면서 하는 말씀이다. 나는 얼굴을 살짝 붉히며 아주머니를 향해 웃어 보였다.

"게다가 잘생기기까지 했네."

내가 인물이 빠지는 편은 아니지, 후후. 아저씨들은 김칫소가 맛있는지 확인하겠다며 절인 배춧잎을 뜯어다가 김칫소를 얹어 한 입씩 먹으며 모두들 흐뭇해했다.

뒤늦게 온 부녀회장이 주방으로 가서 돼지고기를 삶고 있는 들통을 열고 젓가락으로 고기를 찔러 본다. 아주머니 한 분이 하얀 배춧잎을 뜯어 김칫소를 넣고 둘둘 말아 부녀회장에게 달려가더니 입 속에 넣어 주었다. 오물오물 먹던 부녀회장 입에서 살짝 미소가 엿보인다. 다행이다. 성격이 까다로운 저분의 입맛에도 맞다면 이번 김장은 성공한 것이다.

일손이 많아서 두 시간도 채 안 돼 김장이 끝났다. 백 포기 넘는 배추가 어느새 예쁜 김치가 되어 김치 통에 차곡차곡 담겼다. 족히 30통은 돼 보였다. 그제야 장두루 할아버지가 등장했다.

"김장은 잘하셨습니까?"

할아버지가 환하게 웃으며 인사하자, 한 아주머니가 고무장갑을 벗으며 말했다.

"할아버지가 채소를 잘 키워 주신 덕분에 아주 맛있는 김장을 담갔어요."

할아버지는 주변을 둘러보고 고개를 끄덕였다.

"자, 대충 정리하고 이제 식탁으로 모이시지요. 달콤하고 고소한 배춧잎에 보쌈이 준비되어 있습니다. 부녀회장님께서 생굴도 넉넉히 사 오셨고요. 배춧국도 한 그릇씩 드시면서 몸을 따뜻하게 데우시지요."

한 아저씨가 웃으며 큰 소리로 사람들을 불러 모았다. 뭐라고? 부녀회장이 생굴을 사 왔다고? 나는 내 귀를 의심했으나, 주변에서는 당연하다는 듯이 부녀회장에게 박수를 보냈다. 부녀회장도 어색하게 웃으며 식탁 한쪽에 앉았다. 나는 '저분 많이 변하셨네.' 하고 속으로 생각했다. 나중에 들어 보니 장두루 할아버지가 작물이 나올 때마다 따로 챙겨서 부녀회장에게 주었다고 한다. 처음에는 퉁명스럽게 받더니, 나중에는 가끔 텃밭에 들러 풀도 뽑고 물도 주고 했단다. 왜 나만 못 본 거지?

식탁에는 먹을거리가 풍성했다. 모두들 둘러앉아 배춧국에 굴과 돼지고기 보쌈을 먹었다.

"이런 날에는 막걸리라도 한 사발 먹어야 하는데."

한 아저씨의 말과 동시에 경로당 문이 열리더니 슈퍼 아저씨가 막걸리 한 상자를 들고 들어왔다.

"경비 아저씨가 이리로 배달하라고 해서 가져왔습니다."

슈퍼 아저씨의 말에 모두들 장두루 할아버지를 향해 박수를 쳤다. 역시 우리 할아버지의 센스는 보통이 아니다.

"슈퍼 아저씨도 이리 와서 고기 좀 들고 가시죠."

한 아주머니가 이야기하니, 슈퍼 아저씨는 당연하다는 듯이 신발을 벗고 성큼성큼 식탁으로 왔다. 시원한 막걸리가 돌아가고 어른들은 너 나 할 것 없이 한 잔씩 들이켠다. 경로당에서 말 참견만 하던 어르신들도 막걸리를 마시고 돼지고기를 배춧잎에 싸서 입 안 가득 채운다. 참 평화롭고 즐거운 풍경이다. 천국이 있다면 바로 이런 곳이 아닐까?

술이 몇 순배 돌자 부녀회장이 일어났다. 모두들 고개를 그쪽으로 돌리자, 부녀회장이 조용히 말했다.

"참 좋은 날입니다. 이제 곧 있으면 겨울이 다가올 텐데 이렇게 아파트 주민들이 힘을 합해 김장도 하고, 양로원과 독거노인들에게 김장 김치를 나눈다고 하니, 좋은 덕을 쌓는 일입니다. 여러분이 쌓은 덕 덕분에 노인들이 춥지 않은 겨울을 지낼 것 같습니다. 덕분에 나도 한 통 얻어 가게 되었네요."

부녀회장이 웃자 주변 사람들도 박수를 치며 웃었다.

"이런 기회를 마련해 준 경비 아저씨에게 고맙다는 인사를 하고 싶었는데, 이제야 하게 되었습니다. 제가 낯을 좀 가려서요."

한 아주머니가 맞장구를 쳤다.

"수줍어하시는 모습이 처녀 같으세요."

주변에서 웃음이 쏟아졌다.

"그렇다고 다 늙은 사람 놀리면 안 됩니다. 처녀라고 하기에는 제가 나이를 좀 먹었습니다. 제가 일어선 이유는 제 이야기를 하고 싶어서가 아니라 경비 아저씨 이야기를 하고 싶어서입니다."

주변이 조용해졌다. 나는 저 할머니가 또 무슨 이상한 이야기를 하려나 싶어 걱정스런 표정으로 부녀회장을 바라봤다.

"경비 아저씨는 11월까지 근무를 하고 고향으로 돌아가신다고 합니다. 고향으로 내려가 농사도 짓고 학교 선생님도 하신다고 하네요. 여러분도 아시다시피 그동안 우리 사이에 갈등도 있고 마찰도 있었습니다. 하지만 막상 경비 일을 그만두신다고 하니 조금 섭섭하네요. 미운 정도 정이라고 그동안 정이 쌓였나 봅니다."

말끝이 조금 흐려지더니 부녀회장 눈에서 눈물이 살짝 보였다. 내가 뭘 잘못 본 건가?

부녀회장은 다시 목소리를 가다듬더니 말을 이었다.

"가시는 마당에 여러분 앞에서 한 말씀이라도 하시라고 제가 일어선 겁니다. 여러분, 경비 아저씨가 한 말씀 하시겠습니다. 그럼 저는 앉겠습니다."

모두들 고개가 장두루 할아버지에게 돌아갔다. 할아버지는 부녀회장을 바라보다가 천천히 일어났다. 부녀회장이 먼저 박수를 치자, 다른 분들도 따라서 박수를 치기 시작했다. 큰 박수 소리가 쏟아졌다.

"원래 제가 조용히 왔다가 조용히 사라지는 성격인데, 부녀회장님 때문에 이렇게 여러분 앞에 서게 되었습니다. 부녀회장님은 그동안 저를 쫓아내려고 부단히 애쓰셨는데, 이제 소원을 이루셨네요."

할아버지가 부녀회장을 바라보고 웃자, 부녀회장은 살짝 눈을 흘기더니 미소로 답했다. 사람들도 따라 웃었다.

"농담입니다. 여러분도 보시다시피 저와 부녀회장님 사이가 좋아졌다는 것은 누구나 느끼셨을 것입니다. 부녀회장님 덕분에 이렇게 다 함께 김장을 담글 수 있었습니다. 경로당을 장소로 쓸수 있도록 뒤에서 힘써 주신 분도 부녀회장님이십니다. 여러분 박수 한번 보내 주시지요."

박수 소리에 싸여 부녀회장이 다시 일어나 인사를 했다. 나도 힘차게 박수를 쳐 주었다. 할아버지의 이야기가 이어졌다.

"텃밭 농사도 저 혼자 한 것이 아니고 여러분과 함께 일군 것입니다. 오늘 김장한 배추며 무며 고추며 쪽파 모두 주말이면 주민들이 나와서 심고, 물 주고, 벌레 잡는 노력을 해 주셨기 때문에 가능했습니다. 감사합니다. 이 사람을 그동안 따뜻하게 대해 주신 것에 대해서도 감사를 드립니다. 여러분이 아니었다면 경비원 노릇도 참 힘들었을 것입니다.

아파트 직원들의 권익을 보호하기 위해 노력해 주신 것도 잘 기억하겠습니다. 저는 우리 아파트가 자랑스럽습니다. 아파트 직원들이 우리 아파트를 얼마나 좋아하는지 아마 일하는 표정을 보시면 잘 알 수 있을 것입니다. 우리 모두가 아파트를 중심으로 생활 공동체를 만들어 가고 있다고 저는 믿습니다. 그리고 제가 그만두더라도 아파트 텃밭을 유지하겠다고 부녀회장님께서 약속해 주셨습니다. 감사합니다.

그리고 아시는 분들은 아시겠지만 저는 민주의 할아비가 되었습니다. 남들은 시간이 흐를수록 식구 수가 줄어드는데, 저는 오히려 새로운 가족이 생겼습니다. 크나큰 행복입니다. 남은 기간도 여러분과 함께 아파트가 더 나아지도록 노력하겠습니다. 감사합니다."

박수 소리가 울려 퍼졌다. 가을이 깊어 간다.

덕을 이룬 사람은 조화롭다

『장자』 5편의 제목은 「덕충부」(德充符)이다. 풀이하자면 '덕이 가득 채워진 표시'란 뜻이다. 외모는 눈에 띄지만 덕은 보이지 않는다. 그것은 보이지 않지만 작동된다. 마치 배터리와 같다. 눈으로 감지되지 않지만, 방전되면 작동되지 않는 것처럼. 외모는 나이가 들면서 점점 낡아 가지만, 덕은 가득 찰수록 새로워진다. 모름지기 덕을 쌓을 일이다.

『장자』에서는 정나라의 재상인 자산과 한쪽 발이 잘린 신도가의 대비를 통해 이를 이야기한다. 높은 지위를 가진 자와 형벌을 받은 자의 대비이다.

신도가는 형벌로 발이 하나 잘린 사람입니다. 정나라 재상 자산과 함께 백혼무인을 스승으로 모셨습니다. 자산이 신도가에게 말했습니다.

"내가 먼저 나가면 자네가 남아 있고, 자네가 먼저 나가면 내가 남아 있기로 하세."

그다음 날 둘이 또 한방에 들어가 같은 자리에 앉게 되자, 자산이

신도가에게 다시 말했습니다.

"내가 먼저 나가면 자네가 남아 있고, 자네가 먼저 나가면 내가 남아 있기로 하세. 이제 내가 먼저 나갈 터이니 자네가 남아 주겠는 가. 또 자네는 나 같은 재상을 보고도 자리를 비키지 않으니 자네가 재상과 맞먹겠다는 것인가?"

자산이 단단히 화가 났다. 비록 동문수학한 동창이기는 하지만, 엄연히 자신은 재상이고 신도가는 형벌을 받은 사람이니 같은 지위가 아니다. 그런데 신도가는 분수를 모르고 자꾸 동석을 하는 것이다. 신도가의 말을 들어 보자.

신도가가 대답했습니다.

"선생님의 문하에 정말로 자네 같은 재상이 나왔다는 말인가? 자네는 재상이라고 우쭐해서 남을 뒤로 밀어내려 하는군. 듣건대 '거울이 맑으면 먼지가 끼지 않고, 먼지가 끼면 정말로 맑은 거울이 아니다. 현인과 오래 지내면 잘못이 없어진다'고 하더군. 지금 자네는 우리 선생님을 크게 받들며 살고 있는데, 아직도 그런 소리를 하니, 그것이야말로 뭔가 잘못된 것 아닌가? (……) 내가 선생님을 19년 동안이나 따르며 배웠지만 선생님께서는 아직도 내가 '외발'임을 안다고 내비친 적이 없으시다네. 이제 자네와 나는 몸 안의 세계를 배우는데 자네는 아직 몸 밖의 것에만 눈을 돌리고 있으니 이것 역시 뭔가 잘못된 것 아닌가?"

신도가는 거울과 먼지를 예로 들어 덕을 가리는 자산을 비판하고 있다. 뿐만 아니라 '몸 안의 세계'와 '몸 밖의 것'을 대조하면서 선생님과 자산의 행위를 비교하고 있다. 스승인 백혼무인은 자신을 대하면서 한 번도 몸 밖의 것인 '외발'을 의식하지 않고 대했는데, 동문수학했던 자산은 '외발'만을 의식하여 자신을 차별하고 있다는 것이다. 정작 중요한 것은 '몸 안의 세계'인 덕(德)인데 말이다.

현대 사회도 다르지 않다. 외모나 학력을 따지고, 재산의 정도에 따라 사람을 평가한다. 금수저나 흙수저라는 말처럼, 덕이 아니라 부모에게 물려받은 재산으로 평가한다.

장자는 외발이 신도가뿐만 아니라 같은 처지인 무지, 추남 애태타, 절름발이이며 꼽추에다 언청이인 무신, 큰 혹부리를 가진 대영 등 다양한 신체 이상자들을 들어, 그들은 외모로는 그 누구보다 이상한 모습을 지녔지만 그 덕만은 당대의 왕들보다 가득하다고 이야기한다. 그들은 덕이 밖으로 드러나지 않았기에 더욱 뛰어난 경지에 이른 자들이다. 그럼 덕이 밖으로 드러나지 않는다는 것은 무슨 뜻인가?

평평한 것은 물이 완전히 고요해진 상태입니다. 이것이 본보기가 될 수 있음은 안에 고요를 간직하고 밖으로는 출렁거리지 않기 때문입니다. 덕을 이룬 사람은 조화를 이룬 사람으로, 덕을 밖으로 드러내지 않기 때문에 사람들이 그에게서 떠나지 못합니다.

덕이 가득 찬 사람은 마치 거울이나 고요한 물과 같다. 티 없이 깨끗하고 고요하기 때문에 사람들은 그에게 다가가 자신의 모습을 비춰 보고 자신의

오점을 고친다. 덕을 이룬 사람은 안팎으로 조화를 이루었기에 외모 따위
는 아랑곳하지 않는다. 그들에 비해 외모는 멀쩡하지만 덕은 한참 부족한
우리는 얼마나 초라한가.

6

진정한 스승이란

11월 말에 장두루 할아버지가 우리 집을 방문했다. 경비원을 그만두기 전에 엄마가 따뜻한 식사라도 한 끼 대접하고 싶다며 할아버지를 집으로 초대한 것이다. 할아버지는 장미꽃 한 다발과 포도주 한 병을 사 들고 왔다. 엄마는 마치 프러포즈라도 받는 것처럼 기뻐했다.

"시골에서는 막걸리 몇 병만 사 가면 그만이지만, 여기는 도시니까 도시의 문화를 따르는 게 맞을 것 같아서. 텔레비전을 보니 남의 집에 초대받을 때는 꽃이나 포도주 같은 것을 사 들고 가더라고요. 내가 맞게 사 온 거지요?"

엄마는 장미 향을 맡으며 말했다.

"맞고말고요. 남자한테서 꽃을 받아 본 지 십 년이 넘었네요,

호호. 저이도 몇 년 동안은 결혼기념일에 꽃을 사 들고 왔는데, 지금은 맨손으로 와요. 할아버지 덕에 제가 십 년은 젊어진 것 같아요. 그건 그렇고 우리가 가족이 된 지 몇 달은 지난 것 같은데 여전히 저희를 존대하시네요. 그냥 편하게 말씀 놓으세요."

"아직까지는 존댓말을 쓰는 게 편합니다. 아내하고도 평생을 존댓말을 썼지요. 모르겠네요. 시간이 흐르면 자연스럽게 말투가 바뀔지. 어쨌든 초대해 주셔서 감사합니다."

온 가족이 식탁에 모여 앉아 갈비를 뜯었다. 엄마의 갈비 솜씨는 최고다. 부드럽고 달콤하고 입에 착착 감긴다. 할아버지도 아주 맛있게 드셨다. 아버지는 할아버지가 사 온 포도주를 따서 한 잔씩 돌렸다.

"자, 내일이면 할아버지가 고향으로 돌아가시는 날인데, 섭섭하긴 하지만 민주 방학 때 놀러 가기로 했으니까, 그날을 기다리며 아쉬운 마음을 달래야 할 것 같네요."

"저도 할아버지가 너무 그리울 것 같아요. 그동안 할아버지에게 배운 것도 많고, 앞으로도 더 많은 것을 배우고 싶은데."

내가 아버지에 이어 말을 보태자, 할아버지가 빙긋 웃었다.

"민주가 방학 때 놀러 오면 나보다 뛰어난 스승들이 얼마나 많은지 깜짝 놀라게 될 거야."

아니, 난 할아버지가 최고라고 생각했는데, 할아버지보다 뛰어난 스승이 많다니! 세상은 정말 얼마나 넓고, 배울 것은 또 얼마나 많은 것인가.

엄마가 할아버지의 말을 듣고 제안했다.

"그럼 이번 겨울방학 때는 잠깐 다녀올 게 아니라, 아예 방학 동안 민주를 그곳에서 지내게 할까요?"

나는 기뻐서 소리쳤다.

"그럼 우리 집 식구 모두 방학 때 할아버지네서 지내는 거야?"

"아니, 너만 오래 있는 거야. 너만 방학이지, 우리는 방학이 아니니까. 우리는 며칠 갔다 올라올 거야."

나는 입을 삐죽 내밀었다.

"아들을 오지에 던져 두고 부부끼리 뭘 하려고 그러시나?"

"우리도 오랜만에 해방감 좀 맛보려고 그런다. 신혼 분위기를 되살려서 민주 동생이라도 만들어 볼까?"

아버지의 농담에 엄마가 눈을 흘기며 피식 웃었다.

"하늘을 봐야 별을 따고, 임을 봐야 뽕도 따지."

할아버지도 껄껄 웃으며 내 어깨를 두드렸다.

"그래, 민주야, 너도 오랜만에 효도 한번 하거라. 혹시 아니, 겨울방학 끝나고 돌아오면 동생이라도 생겨 있을지?"

하여튼 어른들의 유머란 참.

"별을 보든, 뽕을 따든, 동생을 만들든 그건 두 분이 알아서 할 일이고, 저 역시 오랜만에 부모 없는 해방감을 맛보렵니다."

모두들 활짝 웃는다. 오늘 하루는 무척 짧다.

드디어 2학기 기말고사가 끝났다. 시험은? 망쳤다. 나처럼 시험을 망친 녀석들은 모두 한숨을 쉬지만, 나는 시험을 망쳤다는 사실보다 얼마 뒤면 할아버지를 다시 볼 수 있다는 생각에 가슴이 뛰었다. 다른 아이들은 벌써부터 중3이 될 것을 걱정하면서, 겨울방학 때 어느 학원을 가야 할지 서로 정보를 교환하고 있었다. 입시생 모드로 전환한 것이다. 그런데 나는? 방학 내내 할아버지 댁에 가 있어도 괜찮은 걸까? 공부도 못하는 주제에 그냥 중3을 맞이해도 괜찮을까? 조금은 걱정되어 집으로 가는 발걸음이 가볍지만은 않았다.

"학교 다녀왔습니다."

"그래, 오늘 기말고사 끝났지? 수고했다."

"뭐, 수고랄 것까지야. 그런데 엄마는 시험은 잘 봤냐고 안 물어요?"

"물을까?"

"아니요, 묻지 마세요."

"그래, 묻지 않을게. 시험을 잘 보든 못 보든 어차피 그건 바꿀 수 없는 과거니까. 오늘은 그동안 수고한 너를 위해 소불고기를 준비했다. 씻고 와서 맛있게 먹자."

"와, 근데 점심부터 너무 거한 거 아니에요?"

"아들 표정을 보니까 오늘은 뭔가 신나고 거한 게 필요한 것 같은데?"

"역시 우리 엄마가 짱이야!"

우리 집은 기쁠 때나 슬플 때나 우울할 때나 주로 먹는다. 뭐든지 잘 먹어야 행복하다는 것이 엄마의 가정 철학이다. 언젠가 아버지가 오래 다니던 직장을 자의 반 타의 반으로 그만두었을 때에도 엄마가 제일 먼저 한 일은 걱정하기에 앞서 시장을 보는 것이었다. 그때 나는 알았다. 엄마는 슬픔을 이겨 내는 힘이 잘 먹는 데서 나온다고 굳게 믿고 있음을. 그도 그럴 것이 엄마의 가정 철학은 항상 효과를 발휘했다. 아버지도 잔칫상같이 거하게 차려 놓은 음식을 먹고 다시 일어설 수 있었다. 나? 나 또한 이 음식을 먹고 다시 힘내 볼 생각이다. 적어도 음식에 미안해지고 싶지는 않으니까.

지긋지긋한 시험도 끝났고, 학교도 일찍 끝났고, 점심도 거하게 먹었으니, 이제 할 일은 노는 거다. 오늘 하루만 시험 결과와 상관없이, 아무 생각 없이 노는 거다. 집을 나와 길을 걸으며, 영화를 볼까, PC방엘 갈까, 아니면 노래방? 혼자 놀기는 뭐하니 친구랑 놀아야지 생각하며 전화를 거는데 다 불통이다. 이놈들이 다 어디로 간 거야? 왜 전화를 안 받아? 그냥 PC방에 가 볼까? 생각은 복잡한데 막상 뭔가를 결정할 수가 없다. 머피의 법칙인가? 미치겠다. 결정 장애도 아니고 이건 뭐지?

그때 누가 뒤에서 내 등을 툭 쳤다. "뭐야!" 하고 뒤를 돌아보다가 소스라치게 놀랐다. 영후 형이다. 정말 이건 뭔가? 나는 형의 갑작스런 등장에 털이 곤두섰다. 하지만 짐짓 태연한 표정을 지었다.

"왜, 쫄았냐?"

영후 형이 씩 웃으며 물었다. 나는 애써 태연한 척하며 대답했다.

"쫄긴 내가 왜 쫄아요, 왜요?"

그러자 영후 형은 내 어깨를 툭 치며 말했다.

"우리랑 PC방 가자."

"왜요?"

"우리가 인원이 한 명 부족하거든."

"그게 다예요?"

"뭐가 더 필요한데?"

"그래도."

"너 게임 싫어해?"

"아뇨."

"그럼 됐잖아. 넌 게임 좋아하고, 우린 멤버가 한 명 더 필요하고. 보니까 별로 할 일도 없어서 서성이는 것 같은데, 아닌가?"

아니라고 말하려는데, 영후 형이 내 머리를 자기 옆구리에 끼고 나를 질질 끌고 갔다. 물론 아프게 잡지는 않았지만 말이다. 나는 머리를 빼려고 애쓰며 소리쳤다.

"알았어요. 가면 될 것 아니에요. 이것 좀 풀어요."

영후 형은 장난으로 감았던 헤드록을 풀어 주었다.

"진작 그럴 것이지. 이제부터 넌 내 동생이다."

나는 속으로 '됐거든요.' 했지만, 기분이 나쁘지는 않았다. 뭐지, 이 이중적인 마음은? 어쨌든 나는 형들이랑 같이 PC방에 가서 신나게 놀았다. 형들은 내 게임 실력에 엄청 놀랐다.

영후 형이 실실 웃으며 물었다.

"너 공부 못하지?"

"왜요?"

"게임을 이렇게 잘하는데 공부를 잘하겠냐? 너 밥만 먹고 게임만 했지?"

"아니거든요."

나는 정색하며 고개를 저었다.

"아니긴, 너 이번에 시험 망쳤지?"

영후 형이 아픈 상처를 건드렸다. 나는 아무 말도 하지 않았다.

"라면 먹자."

영후 형이 뜬금없이 컵라면 네 개를 시켰다.

"왜 라면을 시켜요?"

"나도 시험 망쳤거든. 기분 나쁠 땐 먹는 게 최고야."

앗, 데자뷰 현상인가? 갑자기 형이 진짜 형처럼 느껴졌다. 점심을 그렇게 먹었는데도 라면이 꿀맛이다.

PC방을 나서는데 영후 형이 손을 내밀었다. 나도 손을 내밀었다. 그러자 다른 형들도 손을 내밀었다. 손이 겹쳐졌다. 영후 형이 외쳤다.

"즐겁게 살자! 대학은 엿 먹어라!"

"즐겁게 살자! 대학은 엿 먹어라!"

다른 형들도 따라 외쳤다. 나도 덩달아 외쳤다. 왠지 속이 시원해졌다.

"그런데 너 방학 때 장두루 할아버지 고향으로 놀러 간다며?"

나는 속으로 깜짝 놀라 영후 형을 쳐다보았다.

"아니, 그걸 형이 어떻게 알아?"

"할아버지가 떠나시기 전에 우리가 놀던 곳에 와서, 아이스크림을 사 주며 말해 주셨어. 너랑도 잘 지내라고 하시던데?"

"그랬어?"

나는 겉으로 아무렇지도 않은 듯 대꾸했다.

"그러면서 우리도 시간 되면 놀러 오라시던데?"

"정말?"

"응."

"그래서 뭐라고 했어?"

"생각해 본다고 했어. 그런데 아까부터 너 은근슬쩍 말이 짧다."

"그랬어요?"

"그랬어."

"미안해요."

"아니, 됐다. 그냥 반말해."

"정말요?"

"그래."

"왜요?"

"너랑 우리는 이제 한 팀이잖아. 반말하는 대신 형이라고 불러. 넌 우리 동생이니까."

"알았어, 형."

"적응력은 참 빠르네."

"그래서 형들은 갈 거야, 말 거야?"

"그냥 재미 삼아 며칠 가 보려고. 내년이면 고3인데 마지막 여행이라고 생각하지, 뭐."

"잘됐다. 혼자 지내면 심심할 뻔했는데."

"넌 며칠이나 지내는데?"

"방학 내내."

"미쳤구나."

***

야호, 방학이다. 기다리고 기다리던 겨울방학이다. 장두루 할아버지 집에 간다고 생각하니 벌써 가슴이 뛴다. 집으로 달려가 문을 여니 부모님이 벌써 준비를 마치고 나를 반겼다. 내 짐이야 전날 챙겨 놓았지만, 부모님 짐은 나보다 두 배는 많아 보인다. 일주일도 안 있을 분들이 이민 가는 사람처럼 짐이 잔뜩이다. 짐을 모두 차에 실으니 겨우 뒷좌석에 한 명 탈 공간밖에 없다. 나보다 부모님이 더 신이 난 것 같다.

자가용은 도심을 벗어나 고속도로를 달리기 시작했다. 아빠는 낡은 카세트테이프를 플레이어에 넣었다. 차 안 가득 조용필의 〈여행을 떠나요〉가 시끄럽게 울려 퍼졌다. 엄마와 아빠는 조용필의 노래를 큰 소리로 따라 불렀다. 10년 넘게 탄 낡은 차도 신이 났는지 덜컹거리며 흔들렸다.

네 시간 남짓 고속도로를 달린 자동차는 어느덧 호젓한 국도로 접어들었다. 무주, 진안, 장수를 거쳐 장두루 할아버지의 고향인 남원이 가까워지고 있었다. 길은 뱀처럼 꼬불꼬불 이어져 있고, 차는 마치 익숙한 길을 가는 것처럼 춤을 추듯 달리고 있었다. 할아버지네 집은 실상사 근처라고 했다. 내비게이션을 보니 남은 거리가 5킬로미터였다. 목적지에 다다르자, 할아버지가 도로변에 있는 제법 큰 집 마당에서 우리를 기다리고 있었다. 나는 창문을 열고 손을 흔들며 연신 "할아버지!"하고 외쳤다. 할아버지도 웃으며 우리 식구를 반겨 주었다.

우리가 묵을 곳은 봄과 가을에 농부학교를 운영하는 교육장이라고 한다. 지금은 겨울이라 교육생들이 모두 돌아가서 관리인 말고는 아무도 없다고 했다. 기역 자로 생긴 집의 넓은 마당에는 커다란 개가 컹컹 짖어 대고, 개 소리에 놀란 닭장 속의 닭들도 서성이며 꼬꼬댁거리고 있었다.

"먼 길 오느라 수고들 하셨네. 간단히 짐을 풀고 식사부터 하시게. 닭죽을 끓여 놓았는데 입에 맞을까 몰라."

할아버지는 자연스럽게 말을 놓았다. 우리 식구는 할아버지의 말투에서 편안함을 느꼈다. 부모님이 차에 있는 짐을 부리고 있는 동안, 나는 내 짐을 얼른 마루에 놓아 두고 집 주변을 돌았다. 뒷마당에는 장독대가 있고, 커다란 감나무가 우뚝 서 있었다. 감이 다 떨어져 앙상한 모습이었지만 마치 나를 반기는 듯 가지가 흔들렸다. 다시 앞마당으로 돌아오니 할아버지는 부엌에서 엄마와 함께 상을 차리고 있었다. 대청마루에 둥그렇게 둘러앉아 잘 익은 김치에 닭죽을 열심히 먹었다. 할아버지는 흐뭇한 표정으로 우리를 지켜봤다. 금세 식사를 마치고 설거지까지 끝내자, 할아버지는 동네 구경을 시켜 준다며 우리를 이끌었다.

"동네에 왔으면 동네 주민들에게 먼저 인사를 하는 게 중요하니까 이장 집부터 들르고, 다음으로 마을 회관, 그다음으로 청소년 농부학교에 들르기로 하세."

우리는 할아버지를 따라 이장님 댁에 들렀다. 아담한 한옥인데 대문이 열려 있었다.

"태수 있는가? 손님 오셨네."

할아버지가 외치자, 창고 같은 곳에서 문이 열리며 이장이라는 분이 나왔다. 우리는 이장님의 외모를 보고 깜짝 놀랐다. 얼굴도 못생겼을 뿐 아니라 등이 굽고, 다리를 절었다. 나는 깜짝 놀라 뒤로 주춤 물러섰다. 부모님도 적잖이 놀란 표정이었다.

"아이고, 오늘 귀한 분들이 온다고 장두루 할아버지가 미리 말씀해 주셨는데, 제대로 차려입지도 못하고 이렇게 일복으로 인사드리네요. 제가 이 마을의 이장 박태수입니다."

우리는 짐짓 놀란 마음을 숨기고 어색하게 인사했다. 그러자 이장님은 더 활짝 웃으며 우리를 향해 말했다.

"제 외모가 좀 그렇지요? 처음에는 다들 놀라시더라고요. 그래도 이 몸뚱이로 마을 일도 하고, 집안일도 하고, 늙으신 어머님도 모시고 아무 문제 없이 살아갑니다. 지내시다가 불편한 점이 있으면 언제든지 알려 주세요. 제가 도울 수 있는 일은 뭐든 도와드릴 테니까요."

"네, 친절한 말씀 고맙습니다."

엄마가 어색한 미소를 지으며 겨우 입을 뗐다.

우리의 당혹스러움을 눈치챈 할아버지는 이장님에게 하던 일마저 하라면서 우리를 밖으로 이끌었다. 우리는 황망히 이장님 댁을 빠져나왔다.

"내가 미리 말했어야 했는데 실수를 한 것 같네. 태어나서 큰 병을 앓고 나더니 몸이 저렇게 되었다네. 초등학교 다닐 때는 놀림도 많이 받았지. 그런데 저 친구, 자기를 놀리는 친구들에게 조금도 화내지 않고 누구보다 열심히 학교생활을 했지. 중학교까지 마치고서 농사를 지었는데, 저 친구가 지으면 어떤 작물이든 잘 자라 다들 놀랐지. 나중에는 평생을 농사지어 온 당시의 이장님도 저 친구에게 농사 비법을 배울 정도였으니까."

우리 식구는 고개를 끄덕이며 할아버지의 말씀을 들었다. 할아버지는 천천히 걸으며 말을 이었다.

"몸이 저러니 군대도 못 가고 마을에서 죽 농사를 짓고 살았는데, 자기 집 농사뿐만 아니라 나이 많이 자신 어른들의 농사도 항상 거들어서 마을에서 없으면 안 될 사람이 되었어. 농사만 잘 짓는 게 아니라 집도 잘 지어서 낡은 집을 수리하려면 저 친구를 불러 일을 시켰지. 그러면 아무리 힘들어도 힘든 기색 하나 보이지 않고 자기 일처럼 열심히 하는 거야. 우리가 오늘 간 집도 저 친구 혼자서 3년 동안 지은 집이라네. 우리 마을에서 가장 아담하고 예쁜 기와집이지."

할아버지의 이야기를 듣고 나서 뒤돌아 멀리 떨어진 이장 집을 바라보니 정말 주변 경관과 아주 잘 어울리는 근사한 집이었다. 나도 모르게 "와!" 하고 감탄사가 흘러나왔다.

"비록 중학교밖에 안 나오고 장가도 안 갔지만, 이제는 저 친구가 없으면 일이 잘 돌아가지 않을 정도로 마을의 귀한 존재일세. 사람은 외모만 보고 판단해서는 안 되는 법이지. 이전 이장이 이장직을 내려놓으면서 태수 저 친구가 이장을 해야 한다고 했을 때, 반대하는 마을 사람은 아무도 없었어. 아니, 반대는커녕 진작에 이장을 해야 했다며 대환영을 했지. 이전 이장은 좀 섭섭했겠지만 말이야."

할아버지가 우리를 보며 씩 웃었다. 우리도 덩달아서 웃었다. 다음에 방문한 곳은 마을 회관인데, 회관 앞마당에서 마을 청년들이 풍물을 연습하고 있었다. 우리 식구가 등장하자 우리 주변을 돌면서 풍물을 한판 신나게 놀아 줬다. 우리 식구는 신기하기도 하고 신나기도 해서 풍물 행렬을 따라 잠시 원무를 함께 추었다. 춤판이 끝나고 마을 회관으로 들어가니 동네 어르신들이 삼삼오오 모여 바둑이며 장기를 두고 있었고, 아주머니들이 전을 부치고 있었다. 우리 식구를 보자, 너 나 할 것 없이 반갑게 맞아 주었다. 금세 닭죽을 먹었는데도 고소한 냄새에 이끌려 나는 전을 두 장이나 먹었다. 좀 더 있으라고 붙잡는 걸 장두루 할아버지가 학교 구경을 시켜야 한다며 우리 식구를 밖으로 데리고 나왔다.

"동네가 정말 활기차네요. 요즘 시골은 초고령화로 젊은이들은 찾아보기도 힘들다고 하던데, 이 동네는 아니네요?"

아버지가 물었다.

"십 년 전에는 이 동네도 대부분 노인밖에 없었지. 그런데 IMF 사태가 터지자 시골을 찾는 사람들이 하나둘 생기더군. 그리고 마을에 청소년 농부학교가 생기면서 아예 아이들을 데리고 귀촌한 집도 늘었고. 봄가을에 귀촌 농부학교를 지속적으로 진행하니까 직장을 잃은 젊은이들, 가장들, 생태에 관심을 둔 사람들이 농사를 배우겠다고 내려와서 아예 이곳에 자리를 잡기도 했어.

그 뒤로 제법 그럴듯한 마을이 되었다네."

엄마는 귀촌 농부학교라는 말에 솔깃해서 물었다.

"귀촌 농부학교에서는 뭘 배우는데요?"

"한두 가지가 아니지. 생태 철학도 배우고, 텃밭 농사, 논농사, 집짓기, 자연 염색, 약초 캐기, 효소 담그기, 양계, 양돈, 양봉, 특용작물 재배와 가공……."

"그 많은 걸 다 배워요?"

내가 물었다.

"배우고 싶은 사람들은 아예 일 년 동안 이곳에 머물면서 다 배우는 사람도 있고, 자신의 관심 분야를 집중적으로 배우는 사람도 있고 여러 가지야. 민주는 뭘 배우고 싶은데?"

"전 요리요."

"아, 요리도 있다. 이곳에서 유기농 식당을 운영하시는 분이 직접 강사로 나서서 요리도 가르치시지."

"정말요? 그럼 청소년 농부학교에서는 뭘 배워요?"

"우리 민주가 학교에 이렇게 관심을 보이는 모습은 처음인데. 아, 벌써 학교에 다 와 간다. 학교에 들어가서 이야기하자꾸나. 저녁이 가까워지니 날씨가 제법 춥네."

학교 정문을 통과하니 넓은 운동장이 눈에 들어왔다. 운동장 한쪽 나무로 만든 응원석 위에 얹어 놓은 태양 가림막이 노을빛을 받아 반짝였다.

"할아버지, 저 가림막이 왜 반짝이죠? 거울 같은 건가요?"

"아니, 저게 태양열 집열판이야. 이 학교의 전기는 저 집열판에 모인 태양열로 물을 가열하여 온수를 쓰고, 수증기로 터빈을 돌려 전기 에너지를 생산해 사용하고 있어. 지금은 전력이 남아서 팔기도 한단다."

"전력을 판다고요?"

"그럼, 남은 전력은 한국전력공사에 판매도 하는걸."

"우아, 전기료를 내는 것이 아니라 전기료를 받는 거네요."

"그렇지. 그런데 저 태양열 집열판으로만 전기를 만드는 게 아니야."

"또 있어요?"

"저기 오른편에 보이는 고정형 자전거들 있지?"

"아, 네, 저기에 있는 저 자전거들요?"

"응. 아이들이 운동 삼아 자전거를 타면, 자전거 바퀴의 회전력을 이용해서 전기를 만드는데, 그걸로 기숙사 공동 세탁소에 전력을 공급하고 있어."

"정말 재미난 학교네요."

"자, 이제 교무실로 들어가자."

교무실은 기와를 얹은 기다란 건물 한쪽에 자리하고 있었다. 정문에서 들어오는 방향으로 도서관, 교무실, 자습실이 나란히 있었다. 교무실로 들어가니 훈훈했다. 할아버지가 교무실에 있는 선생님들에게 우리 식구를 소개했다.

"내가 얘기했지? 새 식구가 생겼다고. 자, 인사들 나누게. 이쪽이 과학을 가르치는 장언 선생님, 학교를 태양열 에너지로 가동시킨 선생님이야. 물론 전기를 만드는 자전거도 이 선생님과 과학 동아리 아이들의 아이디어를 모아서 직접 제작했고."

우리는 놀라는 표정을 지으며 과학 선생님에게 인사했다.

"다음은……."

"알아요, 양씨 아저씨잖아요."

내가 반가운 마음에 끼어들었다.

"안녕하세요. 청소년 농부학교 교장 양주입니다. 출세했지요."

양씨 아저씨, 아니 양 선생님이 너스레를 떨었다. 엄마, 아빠도 아주 반갑게 인사했다. 나는 양 선생님이라는 호칭이 어색했다. 일 년 전만 해도 우리 아파트 경비를 서시던 분이 이곳에서 교장 선생님을 맡고 있다니 신기할 따름이었다. 세상에는 겉모습만으로는 도무지 알 수 없는 숨은 고수들이 많다는 생각이 들었다. 그 때였다. 교무실 문이 열리면서 치킨 배달부 같은 사람이 들어왔다.

"안녕하십니까. 오늘은 교무실이 왁자지껄하네요."

"어서 오세요. 우리 식구들이 놀러 와서요."

"아, 지난번에 말씀하신 그 식구들입니까?"

"네."

나는 할아버지가 저 배달부한테 왜 저렇게 존대를 하나 의아했다. 그때 할아버지가 그분을 우리에게 소개해 주었다.

"우리 학교에서 문학을 가르치는 박 시인이야. 악양에 살아서 이곳까지 오토바이로 출퇴근을 하시지."

나는 속으로 놀라면서 부모님을 따라 인사했다. 오늘 하루는 충격의 연속이로구나. 오토바이를 타는 시인이라. 세상은 참 요 지경 같다.

"방학 중인데 박 시인은 어쩐 일로?"

"네, 동네 아이들이 밴드를 구성해서 노래를 하는데, 직접 작사를 하고 싶다고 해서 그거 봐 주러 왔습니다."

"아, 그 불타는 꽃돼지인가 꽃사슴인가 하는 애들 밴드 말씀이신가요?"

"꽃돼지입니다."

나는 밴드 이름을 듣고 저절로 웃음이 터져 버렸다. 참으로 향토적인 이름 아닌가. 내가 웃자 부모님도 따라 웃었다. 교무실은 곧 웃음바다로 변했다.

학교 본관은 1층이 강당, 2층이 교실, 3층이 특별활동실로 구성되어 있었다. 특별활동실은 조리실, 목공실, 과학 실험실 등 다양한 실습실과 동아리 방들로 아기자기하게 꾸며져 있었다. 본관 뒤쪽으로는 학생들이 직접 농사짓는 논과 밭이 있었는데, 면적이 1천 평쯤 된다고 했다.

다시 숙소로 돌아오는 길에 나는 방학 동안 뭘 하며 지내지 하는 생각이 들었다. 시골은 도시와는 달라서 유흥 시설도 별로 없었다. 오고 가며 둘러보아도 그 흔한 PC방도 보이지 않았다. 갑자기 걱정이 밀려들었다. 부모님은 며칠 후면 돌아갈 텐데.

이런 내 마음을 읽었는지 할아버지가 말했다.

"새해가 되면 예비 청소년 농부학교 캠프를 여니까, 민주가 심심할 일은 없을 거야. 이 캠프에서는 책도 읽고, 등산도 다니고, 놀이도 하고, 자신이 배우고 싶은 분야도 선택해서 들을 수 있지. 민주는 요리를 배우고 싶다고 했으니까 특별활동으로 선택하면 되겠네."

부모님도 안심이 된다는 표정으로 고개를 끄덕였다. 방학 동안 혼자 지내지는 않겠구나. 영후 형이 친구들과 내려온다고 했는데 언제쯤 오려나. 이럴 줄 알았으면 전화번호라도 따 놓을걸. 영철이도 놀러 오고 싶다고 했는데, 부모님이 스파르타 학원에 등록시키는 바람에 못 온다고 죽을상을 지었지. 학원에 묶여 있는 것보다야 이곳이 훨씬 좋다는 생각이 들다가도, 마치 금단 현상처럼 갑작스레 도시에서 벗어나니 집으로 돌아가고 싶은 마음도 적잖이 생겼다. 잘 지낼 수 있을까?

***

새해가 되었다. 아침 일찍부터 우리 식구들은 옷을 단정하게 차려입고 장두루 할아버지에게 세배를 드렸다. 할아버지도 흡족한 표정으로 우리의 세배를 받고 덕담을 해 주었다.

"이렇게 불편한 곳까지 찾아와 줘서 정말 고맙네. 집사람이 저세상으로 간 뒤로는 새해가 될 때마다 아주 적적했거든. 아들놈하고 손자들이 동영상으로 인사를 하긴 하지만, 쪼그만 화면으로는 영 실감이 나질 않아서 말이야. 그런데 새해에 이렇게 세배를 받으니 정말 기분이 좋구먼.

민주 아빠는 하는 일 잘되고, 민주 엄마는 즐겁고 건강하게 살고, 민주는 도처에 스승이 있다는 걸 명심하고 만나는 사람마다 스승으로 삼길 바란다."

엄마가 차려 온 밥상에는 떡만둣국과 갈비찜이 놓여 있었다. 만두는 어제 할아버지와 식구들이 모여 직접 빚었고, 가래떡은 햅쌀로 방앗간에서 뽑아 꾸둑하게 굳힌 뒤 썰어 두었다. 엄마는 나에게 떡을 썰어 보라고 칼을 쥐어 주었는데, 별거 아니라고 생각하고 달려들었다가 손가락에 물집이 생겼다. 딱딱해진 가래떡을 써는 일이 생각보다 쉽진 않았다. 마냥 얻어 먹다가 직접 요리 과정에 참여해 보니, 별것 아닌 것 같았던 음식들이 귀해 보였다.

식사 후에 장두루 할아버지는 미국에 있는 가족과 화상 통화를 했다. 이번에는 우리 식구도 화상 통화에 참여했다. 두 집안 식구들이 상견례 아닌 상견례를 치른 셈이다. 할아버지네 아드님과 며느리는 내심 미안해하면서 우리 식구에게 고맙다고 여러 번 말했다. 나는 할아버지는 제가 잘 모실 테니 걱정하지 말라고 말했다. 화상 너머로 웃음소리가 들려왔다. 하긴, 내가 할아버지를 어떻게 잘 모신다는 말인가. 짐이나 되지 않았으면 좋겠다.

식사를 마치고 부모님들은 짐을 정리했다. 아버지가 모레 출근하는 날이어서 오늘 올라가야 했다. 짐을 다 정리한 뒤, 우리 식구는 할아버지를 따라 마을 회관으로 갔다. 부모님이 올라가기 전에 마을 분들에게 인사를 꼭 드리고 싶다고 해서 할아버지가 자리를 마련한 것이다. 마을 회관에 들어가니 마을 분들이 모여 떡만둣국을 먹고 있었다. 어제 우리가 준비한 떡과 만두였다. 어쩐지 우리 식구가 먹기에는 너무 많이 준비한다고 생각했다.

"애 아빠가 출근을 해야 해서 민주만 남겨 두고 올라가게 되었네요. 우리가 없는 동안에 민주를 잘 부탁드립니다. 그동안 감사했습니다."

엄마가 말하는 동안 옆에 서 있던 아버지도 인사를 하고는 주방으로 들어가 막걸리와 과일을 꺼내 왔다. 회관에 온 분들에게 일일이 막걸리를 따르며 인사하는 모습이 정겨웠다. 내려온 지 나흘밖에 지나지 않았는데, 마치 이 마을의 주민이라도 되는 듯 자연스럽게 마을 분들과 어울렸다.

마을 분들이 식사를 다 마치자 우리 집 식구들이 설거지를 했다. 설거지를 마치고 주방에서 나오니, 할아버지 한 분이 넓은 거실 한가운데서 붓글씨 쓸 준비를 하고 있었다.

장두루 할아버지가 우리 식구에게 다가와 조용히 말했다.

"저분이 이 마을에서 서예가로 이름난 분인데, 저분 글씨를 받아서 걸어 놓으면 집안 기운이 좋아진다네. 식사를 대접받았으니 민주네를 위해 글 몇 자 써 주시겠다고 해서 그러시라고 했네."

부모님은 매우 기쁜 표정으로 서예가 할아버지를 지켜보았다. 족히 팔십은 넘어 보이는 분이 붓을 들자, 마을 분들도 숨을 죽이고 무슨 글자를 쓸지 기다렸다. 할아버지는 앞에 놓인 한지를 한참 바라보다가 빈 붓으로 지휘를 하듯 허공에 글자를 썼다. 그렇게 여러 차례 반복하더니, 붓에 먹물을 묻혀 한순간에 네 글자를 써 내려갔다.

'上善若水'

장두루 할아버지가 '상선약수'라고 읽더니 '최고의 선은 물과 같다'고 해석해 주었다. 그러면서 저 구절은 『노자』에 나오는 구절로, 물은 모든 것을 살리고, 다투지 않으며, 남들이 싫어하는 낮은 곳으로 흐르기 때문에 최고의 선이라고 풀어 주었다. 서예가 할아버지는 글씨 옆에 날짜와 성함을 쓰더니 호주머니에서 도장을 꺼내 붉은 인주에 묻혀서 힘주어 한지에 찍었다. 마을 분들은 모두 할아버지의 글자를 보며 감탄의 박수를 쳤다.

서예에 문외한인 내가 봐도 글씨에 힘이 넘쳤다. 서예가 할아버지는 글자가 다 마르기를 기다렸다가 아버지에게 한지를 건네주었다. 엄마는 언제 꺼냈는지 스마트폰으로 그 광경을 촬영하고 있었다. 우리 식구는 그 글자 뒤에 서고, 우리 식구 뒤에 마을 분들이 서서 기념사진을 찍었다. 촬영 후 아버지는 서예가 할아버지에게 허리를 숙여 몇 번이고 고맙다고 인사했다. 저 글자가 그리 대단한 건가?

마을 분들과 함께 부모님을 배웅하고 나자 정말 나만 홀로 남았다. 태어나 처음으로 부모님과 헤어져 지내는 시간이 찾아온 것이다.

떠나는 차를 향해 손을 계속 흔들던 장두루 할아버지가 내 어깨에 손을 얹으며 말했다.

"오늘 오랜만에 등산이나 할까? 저기 보이는 산 중턱에 가면 직접 집을 짓고 혼자 사는 사진사 한 명이 있는데, 아주 재미난 친구야. 그 친구를 만나면 너도 좋아할걸? 거기 가서 점심이나 얻어 먹자."

가슴이 먹먹하던 차라 나도 모르게 고개를 끄덕이고 말았다. 사실 나는 등산을 안 좋아한다. 올라가면 내려올 것을 뭐하러 올라간단 말인가? 하지만 지금은 딱히 할 일도 없고, 혼자 있기도 싫었다.

앞장서서 걷는 할아버지 뒤를 따라가는 게 쉽지만은 않았다. 평생 운동하던 분이라 그런지 걸음걸이가 빨랐다. 게다가 산에 오르기 시작하자, 나는 겨울인데도 땀이 송골송골 솟아나는데, 할아버지는 뒷짐을 지고 앞마당을 걷듯 걸어갔다. 한 시간 남짓 올랐을 때, 멀리서 하얀 연기가 솟아오르는 것이 보였다. 인가가 있다는 표시였다. 나는 할아버지를 따라서 걸음을 재촉했다. 낮은 고개 하나를 넘자 넓은 공터가 나오더니 진흙과 나무로 지은 동그란 띠집이 눈에 들어왔다. 연기는 거기서 솟아오르고 있었다.

할아버지가 말했다.

"저 친구는 본디 이곳 사람이 아니었어. 5년 전인가 한 청년이 산 중턱을 샀다는 이야기를 듣고는 부잣집 청년이 땅 투기를 목적으로 샀나 보다 했지. 이 마을에도 가끔 살지도 않을 거면서 집이나 땅을 사려는 서울 사람들이 찾아오거든. 그래서 뭐 하나 찾아가 보니 작은 포크레인으로 산 중턱을 깎아 평지를 만들고, 나무도 베어 쌓아 두고, 큰 돌들도 옮기고 있는 거야. 뭔가 사연이 있는 청년이겠구나 싶었지. 그 평지에 텐트를 쳐 놓고 3년 동안을 먹고 자면서 내내 혼자서 땅을 다듬고 집을 짓고 있더라고. 마을 사람들이 미친 것 아닌가 싶어 꺼려했는데, 알고 보니 지리산이 좋아서 지리산 사진만 찍는 청년이었어. 잘 다니던 직장도 때려치우고, 그동안 모아 두었던 전 재산을 들고 내려온 거야. 사람들은 저러다가 말겠지, 도시에서 왔으니까 살다 지치면 다시 도시로 돌아가겠지 했는데, 3년 만에 저렇게 근사하고 멋진 집을 세 채나 지어 놓고, 한 집은 사진 전시장으로, 또 한 집은 살림집으로, 또 한 집은 등산객들 쉼터로 꾸며 놓은 거야. 지금은 마을의 명소가 되었어. 마을 사람들도 이제는 심심하면 저 집에 들러 차도 마시고 사진 구경도 하곤 하지."

"그러면 그분은 뭘 먹고 살아요?"

"앞마당에 밭을 만들어 대부분의 먹거리는 농사를 지어 먹고, 전시장에 있는 작품도 팔고, 며칠 묵어 가는 사람들에게 숙박료도 받고 그러면서 산다더구나. 요즘은 '지리산 소식'이라는 블로그를 만들어서 매일 지리산 풍경을 찍은 사진과 재미난 소식들을 올리는데, 그게 유명해져서 찾아오는 사람도 많아지고, 사진도 많이 팔린다고 하던데."

"정말 대단한 분인데요."

"그렇지? 나도 대단한 젊은이라고 생각하고 있어."

띠집에 도착하자, 통통하고 머리가 벗겨진 한 아저씨가 우리를 향해 인사를 했다. 장두루 할아버지는 손을 흔들어 답했다. 나는 속으로 '젊은이가 아니라 완전 아저씨로군.' 하고 생각했다.

그 아저씨가 나를 보자 물었다.

"네가 민주니?"

도대체 할아버지는 나에 대해 얼마나 많은 사람에게 말한 거지? 나는 "네." 하고 공손히 인사를 했다. 점심을 얻어 먹으려면 이 정도 예의는 갖춰야 하니까. 아저씨는 우리를 전시장으로 데리고 갔다. 전시장 안은 온통 지리산 사진들로 가득 차 있었다.

한 바퀴 둘러보는데 사진이 정말 멋졌다.

"어떠니, 근사하지?"

"네."

나는 진심으로 대답했다.

"이 운무 사진은 사흘이나 기다려 찍은 거야."

"이 사진을 찍는 데 삼 일이나 걸렸다고요? 보통 사진 찍는 데 일 초도 안 걸리는데."

"물론 찍는 것은 순간이지. 하지만 찍기 위해 기다리는 시간이 많이 걸려."

"그럼 삼 일 동안 이 높은 곳을 오르락내리락했다는 말이에요?"

"아니, 삼 일 내내 이 장소에 있었어. 아예 텐트하고 식량을 들고 가서."

"정말요? 이 사진 한 장 찍으려고요?"

"응. 원하는 사진을 찍기 위해 한 달 동안을 기다리는 분도 있어. 나는 하늘이 허락해서 사흘 만에 찍었지."

"하늘이 허락하다뇨?"

"풍경이나 야생 사진은 자신이 원하는 때에 찍을 수 있는 게 아니야. 대상이 자신을 드러내고 싶을 때 바로 그 순간을 포착해서 찍는 거지. 한 달을 기다려도 원하는 사진을 못 찍는 경우도 있어."

"난 사진사가 자신이 찍고 싶을 때 아무 때나 막 찍는 사람인 줄 알았는데, 그게 아니었네요."

"사진이야말로 기다림의 미학이지. 기다릴 줄 아는 사람에게
만 자연은 자신을 찍을 수 있는 기회를 주거든."

'기다림의 미학'이라는 말이 뭔지는 잘 모르겠지만, 사진 한
장 찍는 일도 쉽게 되는 게 아니라는 생각이 오랫동안 머릿속을
맴돌았다. 전시관 안쪽에 있는 다실에서 같이 차를 마시면서 나
는 기다림이란 단어를 생각했다. 오늘은 저 아저씨가 내 스승이
다. 장두루 할아버지가 말했듯이 도처에 스승이 넘쳐났다. 단지
내가 그분을 스승으로 보지 못했을 뿐.

위대한 스승을 좇다

『장자』 6편의 제목은 「대종사」(大宗師)이다. 풀이하자면 '위대하고 으뜸인 스승'이란 뜻이다. 누가 스승인가? 게다가 위대하고 으뜸인 스승은 도대체 어떤 존재를 말하는가? 우리는 스승이라면 특정한 사람을 생각할지 모르지만, 어쩌면 가장 위대한 스승은 자연 그 자체일지도 모른다. 하늘을 보라. 우리는 얼마나 보잘것없는가? 땅을 보라. 땅은 우리가 먹을 것을 모두 낳는다. 대기를 느껴 보라. 공기가 아니라면 우리가 생존이나 했겠는가? 가장 위대한 스승을 곁에 두고 우리는 엉뚱한 데 정신이 팔려 진정한 스승이 누구인지 망각하고 있다.

그래서 장자는 말한다.

하늘이 하는 일과 사람이 하는 일을 아는 사람은 지극한 경지에 도달한 사람입니다. (……) 참사람[眞人]은 삶을 즐겁다 할 줄도 모르고 죽음을 싫다 할 줄도 몰랐습니다. 태어남을 기뻐하지도 않고 죽음을 거역하지도 않았습니다. 의연히 갔다가 의연히 돌아올 뿐입니다. 그 시작을 잊어버리지 않고, 그 끝을 알려고 하지 않았습니다. 삶을 그대로 받아들여 살다가, 잊어버린 채로 되돌아갔습니다. 마음으로 도(道)를 해치는 일이 없고, 사람의 일로 하늘이 하는 일에 간섭하려 하지 않았습니다. 이런 사람이 바로 참사람입니다.

인간은 자연의 일부이다. 인간의 삶은 자연의 삶과 같다. 자연은 봄을 기뻐하고 겨울을 싫어하지 않는다. 겨울이 지나면 다시 봄이 오기 때문이다. 태어남과 죽음은 자연스러운 일이다. 그런데 우리는 자연의 길을 거부하고 죽음을 거역한다. 나이가 들면 늙는 것이 자연스러운 일인데, 더 젊어 보이려 안달을 한다.

죽고 사는 것은 운명입니다. 밤낮으로 변함없이 이어지는 것과 같은 하늘의 이치입니다. 인간으로서는 어쩔 수 없는 일, 모든 사물의 참모습입니다.

사람들은 하늘마저 아버지처럼 여기고 몸 바쳐 사랑하는데, 하물며 하늘보다 더욱 뛰어난 것을 위해 그러지 않을 수 있겠습니까? 사람들은 임금마저 자기들보다 낫다 여겨 목숨을 바치는데, 하물며 임금보다 더욱 참된 것을 위해 그러지 않을 수 있겠습니까?

그러면 어떻게 살아야 하는가?

샘이 말라 물고기가 모두 땅 위에 드러났습니다. 서로 물기를 뿜어 주고 서로 거품을 내어 적셔 주지만, 강이나 호수에서 서로를 잊

어버리고 사는 것이 훨씬 좋습니다. 성군인 요 임금을 칭송하고, 폭
군인 걸 임금을 비난하지만, 둘 다 잊고 도(道)에서 변화되며 사는 것
이 훨씬 더 좋습니다.

물고기가 물 밖으로 나왔다. 물고기를 위해 가장 좋은 조치는 무엇인가?
물고기에게 물을 계속 끼얹어 주는 선한 행동인가, 물고기를 잡아먹는 악
한 행동인가? 물고기의 관점에서 보면 그런 선한 행위나 악한 행위보다 가
장 좋은 것은 물고기를 본래 살던 물속으로 넣어 주는 것이다. 그래서 선악
도 잊은 채, 자연스럽고 즐겁게 물고기의 삶을 살다가 죽는 것이다.

말에게 가장 좋은 일은 무엇인가? 훈련받아 사람의 말을 잘 따르는 명마
가 되는 것인가, 아니면 잡혀서 도륙되어 말고기가 되는 것인가? 넓은 들판
에서 뛰놀며 자유롭게 사는 것이야말로 말에게 가장 좋은 것이다.

인간에게 가장 좋은 것은 무엇인가? 선한 지도자를 만나서 그의 지시를
따라 사는 것인가, 악한 지도자를 만나서 그의 폭력에 휘둘리는 것인가? 아
니면 선한 지도자도 악한 지도자도 필요 없이 스스로가 주인이 되어 자유
롭게 살아가는 것인가?

우리는 사람의 모양으로 나온 것만 가지고도 기뻐합니다. 사람의
모양이 한없이 바뀔 수 있다면 그 기쁨을 어찌 다 헤아릴 수 있겠습
니까? 그러므로 성인은 자신이 처한 상황에서 언제나 자유롭게 노
닙니다. 일찍 죽어도 좋고, 늙어 죽어도 좋고, 태어나도 좋고, 죽어도
좋다는 것입니다. 사람들이 그런 사람을 본받으려 하는데, 하물며
모든 것의 뿌리요, 모든 변화의 근원을 본받지 않을 수 있겠습니까?

땅의 물이 수증기가 되어 하늘로 올라가 구름이 된다. 구름은 때를 만나 다시 비로 내린다. 만물은 항상 변화하고 유전한다. 한 모습에 머물지 않는다. 장자 1편에서 물고기가 변해 새가 되어 자유롭게 날듯이 지금 이 모습이 전부가 아니다. 자연이 항상 변화하듯이 우리 역시 항상 변화한다. 머물러 있지 말자. 집착하지 말자. 진정한 스승은 자유롭게 변신한다. 스승이 자유롭지 못하면 제자 또한 자유롭지 못하다. 스승이 자신의 틀에 갇혀 있으면 제자 또한 스승의 틀에 갇히고 만다. 진정한 스승이 된다는 것은 이렇게 어려운 일이다.

7

왕처럼 살아라

영후 형이 왔다. 그런데 형만 왔다. 다른 형들과 오려고 했는데, 고3이라고 집에서 못 가게 하는 바람에 혼자 왔다고 했다. 그렇게 말하는 영후 형의 목소리가 영 기운 없게 들렸다.

"그런데 형은 왔네?"

"의리가 있잖아."

"의리?"

"그래, 할아버지에게 약속도 했고, 너한테 간다고 얘기도 했으니까."

"의리 때문에 내려온 거야?"

"대학에 갈 생각도 없으니까 별로 할 일도 없고."

"왜 대학에 갈 생각이 없어?"

"그만 묻고, 뭐 먹을 거 없냐? 배고프다."

아직은 저녁때가 아니어서 고구마 쪄 놓은 것을 내밀었다. 그리고 홍시도 하나 줬다. 영후 형은 순식간에 고구마 세 개와 홍시한 개를 남김없이 먹었다.

"점심 못 먹었어?"

"응, 돈이 없어서. 엄마가 못 가게 해서 그냥 내려온 거야."

"가출한 거야?"

"그런 셈이지."

"대단하다, 형."

"저녁때 전화할 거야, 걱정하지 마시라고."

"일단 장두루 할아버지한테 가 보자. 학교에 계실 거야."

나는 영후 형을 데리고 청소년 농부학교로 갔다. 할아버지와 선생님들은 내일 열릴 겨울 캠프를 준비하느라 정신이 없었다. 내가 영후 형을 소개하자, 다들 일손을 멈추고 반갑게 맞이해 주었다. 영후 형도 자신을 이렇게 반기는 게 어색한 모양인지 쑥스러운 표정을 지었다. 인사가 끝나자 장두루 할아버지는 아예 일손을 놓고 우리와 함께 교무실 밖으로 나왔다.

"언제 왔어? 연락이라도 하지."

"지금 막 왔어요."

"밥은 먹었니?"

"고구마하고 홍시 먹었습니다."

"혼자 왔니?"

"그렇게 됐습니다."

"알았다. 묵을 동안 민주랑 지내거라. 민주도 혼자 지내느라 힘들었을 거다."

"네."

"오랜만에 읍내에 가서 중국 음식 좀 먹을까?"

중국 음식을 먹자는 소리에 영후 형의 얼굴이 환해졌다. 나도 기쁘긴 했지만 조금은 섭섭했다. 나는 내려와 한 번도 외식을 하지 못했는데, 영후 형을 보자마자 외식을 하자고 하시다니. 나는 짐짓 골난 표정을 지었다.

"왜, 민주는 중국 음식을 싫어하나?"

"좋아해요."

"그런데 왜?"

"저하고는 외식 한 번 안 하시더니."

"너는 손자이고 영후는 손님이잖아."

"대신 저 먹고 싶은 것도 시킬래요."

"그래라. 뭘 먹고 싶은데?"

"탕수육요."

"영후는?"

"저도 탕수육 먹겠습니다."

"그럼 탕수육 큰 거 시키면 되겠네."

"거기에 짜장면도요."

영후 형도 지지 않으려는 듯 외쳤다.

"저는 짬뽕 추가요!"

나도 질세라 하나 더 추가했다.

"거기에 군만두요."

할아버지가 껄껄 웃었다.

"알았다. 먹고 싶은 것 다 시켜 보거라. 대신 남기긴 없기다."

읍내에 하나밖에 없는 중국집에 들어가 탕수육과 군만두, 짜장면과 짬뽕을 시켰다. 할아버지는 작은 고량주 한 병을 시켰다. 푸짐하게 음식이 나오자, 나와 영후 형은 경쟁을 하듯 젓가락질을 해 댔다. 할아버지는 우리를 흐뭇하게 바라보며 잔에 고량주를 천천히 채우더니 한입에 털어넣었다. 저녁을 먹고 나오니 밖이 벌써 어두컴컴해졌다. 겨울이라 낮이 짧아졌다.

숙소로 돌아온 나와 영후 형은 한방에서 지내기로 했다. 연료를 절약하는 차원에서 한방을 쓰라는 할아버지의 당부도 있었지만, 굳이 다른 방을 쓸 필요가 없었다. 며칠 동안 혼자 지내다 보니 은근히 밤이 무섭고 잠도 쉬이 들지 않았다. 그런데 오늘부터 둘이 보낼 수 있다고 생각하니 안심이 되었다. 형도 그리 싫지는 않은 표정이었다.

나는 형의 잠자리를 봐 줬다. 욕실에서 샤워를 하고 운동복 바람으로 나온 형이 아직 잠자기엔 이른 시간이니 동네 구경이나 시켜 달라고 했다. 나 역시 컴퓨터는커녕 TV도 없는 집에서 형과 어색하게 있는 것보다는 밖에 나가는 편이 더 낫겠다 싶었다.

저녁이 되니 날이 더 쌀쌀해져서 패딩 점퍼로 무장하고 밖을 나섰다. 도시와는 달리 시골은 밤이 되면 온통 어둠에 뒤덮인다. 간혹 불빛이 비치긴 하지만, 어둠을 이길 수 없는 불빛이다. 하지만 밤하늘의 별들은 훨씬 많이 빛난다. 쏟아질 듯한 별빛은 도시에서 흔히 볼 수 없는 풍경이다.

"형, 하늘을 봐 봐. 별들이 장난이 아니지?"

"그래, 참 별이 많구나."

우리는 하늘을 보며 잠시 동안 말없이 대청마루에 앉아 있었다. 그때 별똥별 하나가 휙 스쳐 지나가듯 떨어졌다.

"형, 봤어?"

"응."

"소원 빌었어?"

"아니."

"소원을 빌어야지."

다시 말이 없어졌다. 형은 뭐라고 소원을 빌었을까? 나는? 뭘 하고 살아야 할지 알려 달라고 빌었다. 다른 아이들은 외고다, 과고다 목표가 분명한데, 나만 목표 없이 방황하는 것만 같았다.

"형, 뭐라고 빌었어?"

"나답게 살게 해 달라고."

형의 대답에 뒤통수를 맞은 것 같았다. 난 한 번도 그런 생각을 해 보지 못했다. 나답게 산다고? 형은 내 어깨를 툭 치며 어서 한 바퀴 돌자고 재촉했다. 나는 형과 동네를 돌면서 이런저런 얘기를 나눴다. 하지만 형의 '나답게 산다'는 말이 계속 귓가를 맴돌았다. 오늘 밤도 쉽게 잠들기는 그른 것 같다.

아침이 왔다. 눈을 떠 보니 영후 형이 없었다. 이불도 곱게 개여 있었다. 마당으로 나가 봤다. 영후 형이 겁순이를 묶고 있었다. 겹순이는 이 집을 지키는 개인데 혼혈 진돗개다. 영후 형은 아침 일찍 일어나 겹순이를 데리고 산책을 갔다 왔다고 한다. 참 부지런도 하지. 우리는 아침밥을 간단히 챙겨 먹고 청소년 농부 학교로 향했다. 오늘이 겨울 캠프 개강식이다. 나는 정식으로 등록했고, 영후 형은 청강을 허락받았다.

9시에 시작하는 개강식에 30분 일찍 도착했다. 사람이 별로 없을 거라 생각했는데, 강당은 캠프 참가자들과 학부모들로 그득했다. 한 100명쯤은 모인 것 같았다. 이 외진 곳까지 찾아오는 사람들이 이토록 많을 줄 몰랐다. 영후 형과 나는 입이 떡 벌어졌다. 강당 입구에 놓인 안내 책자를 보니 3주 과정 일정이 자세히 소개되어 있었다. 우리는 따끈한 감잎차를 받아서 중간쯤에 있는 의자에 앉아 안내 책자를 읽었다. 안내를 맡은 선생님들이 참석자들을 좌석으로 인도했다. 앞좌석엔 학생이 앉고, 뒷좌석엔 부모님들이 앉았다.

9시가 되자, 개강을 알리는 음악 소리와 함께 과학 선생님이 사회자로 나왔다.

"아아! 먼 곳에서 이곳까지 찾아와 주신 캠프 참가자 여러분과 학부모님들에게 감사의 말씀을 전합니다. 날씨도 추우니 식을 빨리 진행하고, 반별로 흩어져서 담임 선생님들에게 자세한 말씀을 듣는 것으로 하겠습니다. 이번에는 캠프 참가자들이 작년보다 많은데요. 모두 네 개 반으로 나누어 한 반에 열 명 정도 배정했습니다. 그럼 겨울 캠프의 책임을 맡으신 장 선생님 말씀을 듣도록 하겠습니다."

장두루 할아버지가 무대로 입장하자 박수 소리가 터져 나왔다. 나와 영후 형도 환호성을 지르며 박수를 쳤다. 할아버지는 학생들을 둘러보며 엷게 웃었다.

"방금 소개받은 겨울 캠프장 장두루입니다. 지금은 양 선생님이 교장 선생님을 맡고 계신데, 이번 겨울 캠프를 한사코 저에게 맡기셔서 양 교장 선생님을 대신해서 겨울 캠프장을 하게 되었습니다. 자연을 사랑하고, 자유를 사랑하며, 작은 일에도 행복을 찾으려는 청소년들과 함께 이 학교를 연 지 벌써 올해로 10년이 됐습니다. 10년이면 강산도 변한다는데 정말로 많은 변화가 있었습니다. 이 학교를 졸업한 학생 중에는 농촌 지도사가 되어 활동하는 사람도 있고, 대학을 졸업하고 환경 단체에서 활동하는 사람도 있습니다. 아, 이 학교로 돌아와 교사가 된 사람도 있네요. 물론 자신이 살던 곳에서 작은 행복을 꾸리며 지내는 사람은 더더욱 많습니다.

이 학교는 경쟁과 입시에서 벗어나 자신의 소질을 개발하고, 자연을 사랑하고, 생명을 존중하며, 서로 공생하는 마을 공동체를 꿈꾸는 사람들의 산실입니다. 소비에 지친 사람들이 생산의 보람을 찾을 수 있는 곳이기도 합니다. 이러저러한 소식을 듣고 이 학교를 찾아오신 여러분을 환영합니다. 비록 3주밖에 안 되는 짧은 기간이지만, 이곳에서 여러분 자신을 발견하고, 즐겁고 행복하게 지내기를 바랍니다. 이상으로 인사말을 마치겠습니다."

짧은 인사말에 모두들 당황하는 표정이었지만, 이내 열화와 같은 박수로 환호했다. 다시 과학 선생님이 올라와 각 반별 학생들의 이름을 부르고 교실의 위치를 설명했다. 설명을 들은 학생들과 학부모들은 각 교실로 뿔뿔이 흩어졌다. 나와 형은 4반에 배정되었다. 4반 교실로 찾아가니 장두루 할아버지가 있었다. 할아버지가 우리 담임 선생님을 맡은 것이다. 나와 영후 형은 속으로 쾌재를 불렀다. 우리 반에는 나와 같은 중2가 세 명, 중3이 여섯 명이었다.

원래 캠프는 오전 3시간은 공통 수업 시간이고, 점심 먹고 오후 2시간은 자유 선택 시간이다. 나는 요리반을, 영후 형은 목공반을 선택했다. 그 후 2시간은 자유 시간이다. 놀아도 되고, 책을 읽어도 되고, 운동을 해도 되고, 동아리를 만들어서 활동을 해도 되는 시간이다. 하지만 첫날이라 서로 인사를 하고, 이런저런 안내를 받고, 선택 수업을 정하고 나니 정오가 채 되지 않아 수업을 마쳤다.

수업이 생각보다 일찍 끝나서 뭘 하고 놀까 궁리하다가 영후 형에게 물었다.

"형, 지금부터 뭐 할 거야?"

"글쎄, 뭐 딱히 할 일이 없네."

"형, 나랑 대머리 아저씨 보러 가자."

"대머리 아저씨?"

"여기서 조금만 올라가면, 커다란 띠집을 세 채나 지어 놓고 혼자 사는 대머리 아저씨가 있어."

"아줌마는 뭐 하시고?"

"아직 결혼 안 했대."

"그러면 대머리 총각이지."

"대머리 총각?"

"결혼을 아직 안 했으니까."

"어쨌든 지난번에 가 봤는데, 지리산 사진도 찍고 혼자서도 재 있게 살아. 뭐 하나 보러 가자."

"그럴까?"

나는 영후 형과 산을 오르기 시작했다. 가 봤던 길이어서인지 이번에는 그리 힘들지 않았다. 집에 다다르니 아저씨는 낯익은 아저씨 몇 분과 뭔가 짓고 있었다.

"뭐 하시는 거예요?"

나는 아저씨에게 인사를 하며 물어봤다. 아저씨는 나를 알아 보고 손을 흔들었다. 나도 아저씨를 향해 손을 흔들었다. 아저씨 는 영후 형과 나를 번갈아 보고는 '누구?' 하는 표정을 지었다.

"아, 이 형 이름은 영후고요. 나랑 같이 지내고 있어요. 이번에 겨울 캠프에도 참여하고요."

아저씨는 목장갑을 벗고 영후 형에게 손을 내밀었다. 영후 형 도 손을 내밀어 악수를 했다.

"조금만 기다려라. 하던 일 마저 하고 밥 먹자."

"뭘 짓고 계시나 보네요?"

"응, 황토방. 두 평짜리로 지으려고."

"황토방요?"

"응. 찜질도 하고, 잠시 쉬기도 하는 곳."

영후 형은 팔을 걷으며 말했다.

"저희도 도와드릴까요?"

"아니, 됐다. 저기 앉아서 쉬어라."

"아닙니다. 도와드리겠습니다. 밥값은 해야지요."

"그래, 그럼 저기에 있는 황토 벽돌을 이리로 옮겨 줄래?"

"네, 알았습니다."

나는 갑자기 영후 형 때문에 벽돌을 나르는 신세가 되었다. 황토 벽돌은 보통 벽돌보다 크고 무거웠다. 30분도 채 되지 않아 땀이 줄줄 흘렀다.

"자, 오전 작업 끝. 점심 식사 합시다."

다들 장갑을 벗고 아저씨 집으로 향했다. 나도 전시장만 보았지, 아저씨 집에는 못 들어가 봤다. 문을 열고 들어가니 겉에서 보기보다 훌륭했다. 원형으로 지어진 집 안에는 없는 것이 없었다. 방이 세 개에 서재, 욕실, 커다란 부엌을 갖추고 있었다. 부엌에서는 시원한 김칫국이 보글보글 끓고 있고, 삼겹살이 구워지고 있었다. 다들 부엌에 있는 식탁에 둘러앉아 점심을 먹기 시작했다. 나는 영후 형과 신나게 고기를 먹었다. 일을 해서 그런지 고기가 끝도 없이 들어갔다.

점심을 먹고 나서도 세 시간이나 일을 거들었다. 나는 점심 먹고 내려가려 했지만, 영후 형은 막무가내였다. 뭔가를 잊으려는 듯, 무엇에 홀린 듯 정신없이 일을 했다. 주변에서 일하는 마을 아저씨들도 쉬엄쉬엄 하라며 고개를 절레절레했다. 나는 형 곁으로 다가가 옆구리를 쿡 지르며 말했다.

"형, 이제 그만해. 일당이 나오는 것도 아니고 여기 일하려고

온 것도 아닌데."

영후 형은 목장갑으로 흘러내리는 땀을 닦았다.

"힘들면 쉬어. 나는 이 일이 재밌어서 그래. 일한 만큼 지어지는 것도 재밌고. 공부는 아무리 노력해도 한 발짝도 나가지 못하는 악몽 같은데 여기 일은 그렇지 않잖아. 노력한 만큼 변하잖아. 난 이 일이 좋아."

나는 영후 형을 가만히 쳐다봤다. 이해할 수 있을 것 같기도 하고, 아닌 것 같기도 하고 잘 모르겠다.

청소년 농부학교 겨울 캠프는? 한마디로 재밌었다. 수업 내용도 우리의 삶이 중심이었다. 첫 수업에서 배운 것이 '몸'이다. 나는 학교를 다니면서 몸에 대해 배워 본 기억이 없다.

"자연 만물은 태어나 성장하고 열매를 맺고 씨앗으로 돌아갑니다. 우리네 삶도 그렇습니다. 태어나 성장하고 자라서는 활동하고, 나이가 먹으면 삶의 열매를 맺습니다. 그리고 더 나이가 먹으면 죽게 됩니다. 모든 인간은 태어나 죽습니다. 이 생로병사(生老病死)를 아는 것이 중요합니다. 한 해는 봄 여름 가을 겨울로 순환하고, 하루도 마찬가지입니다. 아침에 일어나 낮에는 열심히 활동하고, 저녁이 되면 하루를 정리하고, 밤이 되면 잠이 들어 쉽니다. 그래야 다음 날을 건강하게 맞이할 수 있습니다. 몸은 바로 이 리듬을 따라 살아갑니다. 리듬을 따라 살아가면 건강할 수 있습니다. 리듬이 깨지면 병이 듭니다. 현대인들은 너무 많이 일하고, 너무 적게 쉽니다. 그리고 쉴 때도 편안하게 쉬지 않고 일하듯이 전투적으로 쉽니다.

　학생들은 낮에는 공부하느라 정신을 잃고, 저녁에는 게임하느라 정신을 놓습니다. 에너지를 쓰는 낮에는 많이 먹고, 에너지를 축적해야 할 밤에는 적게 먹어야 합니다. 그런데 사람들은 밤에 많이 먹습니다. 이렇게 몸을 망쳐 놓고 또 건강해야 한다는 욕심 때문에 약으로 해결하려 합니다. 머리도 쉬어야 하는데, 머리에 좋은 약을 먹습니다. 미친 짓입니다. 자신의 몸을 잘 살펴보세요. 몸을 잘 보살피세요. 이번 겨울 캠프 동안 자연의 흐름처럼 몸의 흐름을 만들어 보시기 바랍니다."

　처음 듣는 이야기인데, 참 쉽고 편하다. 장두루 할아버지가 이야기를 해 줘서 그런가? 그다음으로 겨울 캠프에 오기 전 자신의 몸을 어떻게 썼는지 기록하고, 기록한 내용을 서로 이야기하는 시간을 가졌다. 오전 시간이 물 흐르듯 흘러갔다.

　점심 식사 후 요리 수업은 학생들이 하고 싶은 음식을 중심으로 계획표가 짜여서 너무 재밌었다. 나는 엄마가 맛있게 해 준 돼지갈비를 신청했는데, 돼지갈비 요리를 배우는 날, 엄마의 위대함을 다시 한 번 느꼈다. 나는 그저 맛있게 만들어진 음식을 먹기만 했을 뿐, 그 요리가 어떻게 만들어지는지 알지 못했다.

　고기에 칼집을 내고, 갖은양념으로 고기를 재우고, 양념이 적절히 밸 동안 기다리고, 적당한 온도에서 굽고, 뒤집고, 알맞은 그릇에 담아 특별활동반 아이들과 함께 먹던 날을 잊을 수가 없다. 나는 돼지갈비를 남겨 그릇에 담아 영후 형이 활동하는 목공반에 가지고 갔다. 영후 형과 목공반 학생들은 돼지갈비를 먹으며 연신 엄지손가락을 치켜세웠다. 나는 어깨가 으쓱해졌다.

"요리사 해도 되겠는걸."

"괜히 그러지 마. 진담인 줄 알겠네."

"진담인데."

"정말?"

"아니, 농담."

"형!"

"미안, 미안. 진담이야. 정말 맛있어. 넌 재능이 있는 것 같아."

"이번엔 정말이지?"

"그럼. 아예 이 학교에 입학하지그래."

"그럴까?"

"그래. 너희 부모님은 네가 이 학교에 입학하는 걸 반대하지 않잖아. 우리 집이야 사정이 다르지만."

"형네 집은 어떤데?"

"우리 집은……. 나중에 이야기하자."

영후 형은 갑자기 이야기를 멈췄다. 다들 궁금해했지만, 더 이상 물어보지는 않았다. 대신 영후 형은 나에게 기쁜 소식을 전해 줬다. 원래 열흘만 있으려고 했는데 방학 내내 있겠다는 것이다. 그리고 방과 후에 대머리 아저씨의 황토방 만드는 일을 돕는다고 했다. 나는 변화한 영후 형의 모습을 보며 놀랍기도 하고 기쁘기도 했다. 뭔가 날라리 기운이 빠졌다고나 할까, 진지해졌다고나 할까. 갑자기 영후 형이 진짜 큰형처럼 느껴졌다.

하루 일과가 끝나고 기숙사로 가는 길에 영후 형에게 물었다.

"아까 형이 방학 내내 있겠다고 했는데, 형네 부모님이 괜찮으시대?"

"괜찮기는. 전화를 걸어 이야기했더니 난리도 아니었어."

"그런데 왜 그런 결정을 한 거야?"

"어차피 집으로 돌아가면 지겨운 학원에 묶여 있어야 해. 그런데 난 학원이 너무너무 싫거든."

"그러면 형, 가출한 거야?"

"정확히 말해 가출은 아니지. 가출은 내가 어디에 있는지 모르는 거지만, 엄마는 내가 어디에 있는지 아니까."

"아빠는?"

"내가 중학교 2학년 때 엄마랑 헤어졌어. 난 지금 엄마랑 살아."

"미안해, 형."

"뭐가?"

"부모님이 이혼한 줄 몰랐어."

"그걸 네가 왜 미안해해? 부모님도 안 미안해하는데."

"형은 괜찮아?"

"응. 처음에는 힘들었는데 지금은 괜찮아."

갑자기 말문이 막혔다. 위로의 말을 하는 것도 어색했다. 영후 형은 분위기를 파악했는지 오히려 웃으며 말했다.

"난 네가 고마워. 그리고 장두루 할아버지도."

"정말? 뭐가?"

"네 덕분에 장두루 할아버지도 알게 되고, 여기까지 와서 재밌게 지내고 있잖아. 이렇게 재밌어 본 거 정말 오래간만이야."

"뭐가 그렇게 재밌어?"

"넌 재미없어?"

"나? 나야 요리 배우는 게 재밌지."

"나도 목공 배우고 집 짓는 걸 배우는 게 재밌어."

"재밌으면 그만인가?"

"뭘 더 바래."

"그런가?"

"그렇지."

우리는 그렇게 이야기하고 킬킬대며 웃었다. 우리 나이에 재 밌으면 그만이지 뭘 더 바라겠는가? 이렇게 생각하니 모든 문제 가 단순하게 보였다. 어른들의 셈법은 이보다 복잡하겠지만, 아 직 우리는 어른이 아니니까. 나는 영후 형 손을 잡고 힘차게 걸었 다. 영후 형의 손이 듬직했다.

일주일이 쏜살같이 지나갔다. 내가 할 수 있는 음식도 다섯 가 지로 늘었다. 나는 노트에 레시피를 일일이 적어 두었다. 김치찌 개, 돼지갈비, 탕수육, 카레, 김치 감자 수제비까지. 집에 가면 부 모님께 꼭 해 드려야지. 특히 김치 감자 수제비는 매콤한 맛이 일 품이니 부모님이 좋아할 것이다. 영후 형은 목공반 수업을 마치 고 매일같이 대머리 아저씨네로 가서 황토방 짓는 일을 도왔다.

황토방이 완성되던 날, 대머리 아저씨가 동네 사람들을 초대 해 돼지 바비큐를 하기로 했다. 장두루 할아버지와 같이 올라가 보니 영후 형은 황토방 아궁이에 군불을 지피고 있었다. 연기가 새는지 확인하게 위해서란다. 방문을 열고 확인해 보니 연기가 하나도 올라오지 않았다. 내가 안 샌다고 하니까 형은 그제야 안 도의 한숨을 쉬었다.

영후 형은 마치 대머리 아저씨네 식구라도 되는 듯 집으로 들어가 막걸리 통을 들고 나왔다. 황토방 앞에는 모닥불이 피어올랐다. 모닥불을 둘러서 둥그렇게 식탁이 차려지자, 대머리 아저씨는 구워진 고기를 접시에 담아 식탁 위에 골고루 놓고, 영후 형은 막걸리 잔을 어른들 앞에 놓고 막걸리를 따랐다. 모두들 건배를 외치며 한 잔씩 하고 나자 장두루 할아버지가 일어섰다.

"황토방이 완성된 걸 축하합니다. 그리고 이 황토방을 짓는 데 우리 영후 학생도 참가했다고 하니 기분이 아주 좋네요. 영후 학생이 목공에도 관심이 많고 집 짓는 일도 하고 싶다고 해서 해 보라고 했지만, 춥고 힘든데 이렇게 끝까지 해내는 걸 보니 참으로 대견합니다. 영후 학생을 위해 박수를 부탁드립니다."

다들 환호를 하며 박수를 쳤다. 나는 진심으로 크게 박수를 쳤다. 영후 형은 일어나 주위 분들에게 여러 번 인사를 했다. 이번에는 집주인인 대머리 아저씨가 일어났다.

"이렇게 초대에 응해 주셔서 감사합니다. 저도 영후 얘기를 해야겠네요. 저는 영후를 보면서 마치 이곳에 처음 올 때 제 모습이 떠올랐습니다. 뭔가 절박하면서도 두려운 마음으로 이곳에 왔을 때, 여러분이 아니었다면 이곳에 정착하기 힘들었을 것입니다. 영후도 놀러 왔다고는 말했지만, 일하는 모습을 보니 제가 처음으로 집 짓던 때가 떠올랐습니다. 동네 총각들도 고생을 많이 했지만, 끝까지 작업을 같이한 영후에게 큰 박수를 보냅니다."

또다시 박수가 터져 나왔다. 나는 영후 형에게 한마디 하라고 말했다. 영후 형은 수줍은 듯이 일어났다. 눈가에는 촉촉하게 눈물이 고여 있었다.

"고맙습니다. 제가 박수를 받아 본 적이 초등학교 때 글짓기 대회에 나가서 상을 받았을 때 빼고 지금이 처음입니다. 올해 고3이 되지만 도대체 내가 뭘 원하는지, 뭘 잘하는지 몰랐습니다. 막연하게 대학을 가고 싶지도 않았고요. 그런데 겨울 캠프에서 목공도 배우고 이렇게 직접 황토방도 여러 형님들과 지어 보니 정말 좋았습니다. 어두운 터널 끝에 빛이 보이는 것 같은 느낌입니다. 겨울 캠프를 마치고 집에 돌아가더라도 방황하지 않고 공부할 수 있을 것 같습니다. 다시 한 번 감사드립니다."

나는 벌떡 일어나 영후 형을 껴안았다. 영후 형도 나를 꽉 껴안았다. 다시 박수가 터져 나왔다. 밤하늘의 별이 총총했다.

어느덧 겨울 캠프의 마지막 주간이 다가왔다. 3주 차가 되는 수료 주간에는 그동안 배웠던 실력을 동네 분들과 나누는 겨울 캠프 축제가 열린다. 동네 형들이 결성한 불타는 꽃돼지 밴드도 공연한다. 강당에서 연습하는 모습을 보니 정말로 유쾌하고 발랄했다. 독서반은 시 낭송회를 준비하고, 목공반은 그동안 만든 작품으로 경매를 한다고 한다. 동영상 제작반은 겨울 캠프 내내 활동을 영상으로 기록하고 편집하여 축제 당일에 상영하기로 했다. 우리 요리반은 겨울철에 맞게끔 점심 식사 메뉴로 육개장을 준비하기로 했다. 또 군고구마도 구워 팔기로 했다. 과학 발명반은 연등을 만들어 캠프파이어 시간에 소원을 적어 띄우기로 했다.

나는 엄마한테 전화를 걸었다. 엄마가 전화를 금세 받았다.

"엄마, 나야, 민주."

"알아, 잘 지내고 있지?"

"응."

"영후하고도 잘 지내고?"

"응, 영후 형은 이곳에 내려와서 황토방도 지었어. 동네 아저씨들이랑."

"대단하네. 너는?"

"나는 요리를 배웠지. 나중에 집에 가면 내가 해 줄게."

"해가 서쪽에서 뜨겠네."

"이번 주말에 내려올 거지?"

"그럼, 아빠하고 같이 내려갈 거야."

"그럼 그때 봐요."

"그러자."

나는 영후 형에게 집에 전화 안 하냐고 물어봤다. 영후 형은 엄마가 바빠서 올 수 없을 것 같다며 조금 섭섭한 듯한 표정을 지었다. 그럼 축제 다음 날 수료식 끝나고 우리 집 차를 타고 올라가자고 말했다. 영후 형은 담담하게 그러자고 대답했다. 영후 형 표정을 보니 엄마가 오지 못하는 게 적잖이 실망스러운가 보다.

일주일 동안 정말 바쁘게 지냈다. 영후 형은 방과 후에는 아예 대머리 아저씨네 집에 살다시피 했다. 나도 몇 번 따라가 봤는데, 영후 형은 집 짓는 법을 배우고 있었다. 대머리 아저씨를 중심으로 동네 총각들이 한옥 짓기를 공부하고 있었다. 대머리 아저씨는 영후 형을 칭찬하며 일머리가 정말 좋다고 했다. 내가 보기에도 영후 형은 이 방면에 소질이 있는 것 같다.

대머리 아저씨는 영후 형에게 내려와서 같이 지내며 일해 보지 않겠냐고 제안도 했다. 영후 형은 싫지 않은 표정이었다.

나도 영후 형에게 지지 않으려고 그동안 배운 요리 솜씨로 요리반 친구들과 요리를 만들어 마을 회관 어르신들에게 음식 봉사를 했다. 마을 어른들은 요리반 친구들이 만든 음식을 먹고 알아서 2, 3천 원씩 후원해 주었다. 그렇게 마련한 자금으로 다음번 요리 재료를 구입할 수 있었다. 나는 방과 후에 요리 선생님 식당에서 아르바이트를 했다. 물론 직접 요리를 하진 않았지만, 식당을 운영하는 것이 정말 고된 일임을 체험할 수 있었다.

하루는 아르바이트를 마칠 즈음에 장두루 할아버지가 동네 어르신들을 모시고 식당을 방문했다. 나는 부엌에서 설거지를 마치고 얼른 나와 인사했다. 할아버지는 요리 선생님에게 내가 아르바이트를 성실하게 하냐고 물었다. 요리 선생님은 대답 대신 말없이 웃었다.

"그럼 우리 민주 요리 솜씨가 얼마나 늘었는지 한번 확인해 볼까? 제일 자신 있는 것 하나를 만들어서 내와 보거라. 그래도 괜찮죠? 주인 양반도 여기 앉아서 우리랑 맥주나 한잔합시다."

요리 선생님은 나에게 고개를 끄덕여 허락해 주고, 밑반찬을 챙겨서 막걸리와 맥주를 들고 아예 자리에 앉았다. 나는 주방으로 들어가 냉장고를 열어 재료를 살펴보았다. 돼지고기와 새송이 버섯이 있었다. 나는 어르신들을 생각해서 고기 탕수육보다는 버섯 탕수육을 만들기로 결정했다.

요리 선생님에게 배운 대로 필요한 재료를 차례대로 세팅하는 것부터 시작했다. 새송이 버섯과 튀김 가루, 전분, 후추, 소금으로 버섯 탕수육을 만들고, 소스 만들 재료로 양파, 당근, 양배추, 오이, 청양고추, 간장, 물, 소금, 전분, 식초를 준비해서 한쪽에 놓아 두었다.

탕수육의 생명은 재료의 식감을 살리면서 바삭하고 고소하게 튀기는 것이다. 새송이 버섯을 적당한 크기로 잘라 후추와 소금을 약간 넣어 간을 해 둔다. 그 위에 미리 튀김 가루를 살짝 입힌다. 반죽이 잘 묻게 하기 위한 방법이다. 튀김 가루와 전분을 물과 함께 섞는다. 잘 휘저어 수저로 떠 기울였을 때 끊어지지 않고 흐를 정도로 농도를 맞춰야 한다. 거기에 식용유도 조금! 이것이 맛있게 튀기는 비법이다.

프라이팬에 기름을 충분히 넣어 가열했다. 튀김 반죽을 살짝 넣어 바로 올라오면 적당한 온도다. 온도가 적당해지면 알맞게 간이 밴 새송이 버섯을 튀김 반죽에 넣어 집게로 집어서 기름에 넣는다. 노릇노릇하게 되어 떠오르면 건져 내어 채반에 놓고 기름기를 빼낸다.

탕수육 소스는 물, 간장, 소금에 깍뚝 썬 양파와 당근을 넣고 끓인다. 양배추나 오이, 고추 등 채소는 아삭한 맛이 사라지지 않도록 다 끓을 때쯤 넣어야 한다. 재료가 다 끓으면 거기에 식초와 설탕을 넣고 전분으로 농도를 맞추면 된다.

30분 만에 요리가 완성되었다. 나는 주방에서 나와 물었다.

"부먹으로 해 드릴까요, 찍먹으로 해 드릴까요?"

동네 어르신들은 일제히 "부먹!" 하고 외쳤다. 다시 주방으로 들어가 커다란 접시에 버섯 탕수육을 가득 담고, 그 위에 소스를 충분히 부어서 식탁에 내놓았다. 어르신들은 나를 대견하다는 듯이 쳐다보며 탕수육을 먹었다. 모두 고개를 끄덕이는 것으로 보아 맛이 없진 않은 모양이다.

장두루 할아버지가 요리 선생님의 어깨를 치며 말했다.

"제자를 제대로 키웠네. 아주 맛있는걸. 게다가 돼지고기 대신에 새송이 버섯으로 탕수육을 만든 것은 나이 드신 분들의 치아와 소화력까지 생각하는 마음까지 담겨 있어서, 아주 훌륭했어. 자네가 알려 줬나?"

할아버지가 요리 선생님을 칭찬하자, 요리 선생님은 나를 흐뭇하게 쳐다보며 말했다.

"민주가 재료를 직접 선택했어요. 저도 뭐가 나올지 궁금했는데 버섯 탕수육을 했네요. 게다가 케첩을 빼서 맛을 담백하게 한 것도 민주의 선택이었어요."

"자신의 취향이 아니라 손님의 건강과 취향을 생각해서 음식을 만들 줄 안다는 것은 요리사의 제일 중요한 자질인데, 민주가 어느새 그것을 알게 되었구나. 넌 훌륭한 요리사가 될 거야."

다른 어른들도 "그럼, 그럼." 하며 한마디씩 거들었다. 나는 하늘을 날 것 같은 기분이었다.

"더 필요한 거 없으세요?"

"아니, 됐다. 너도 앉아서 우리랑 같이 먹자."

어른들이 자리를 마련해 주었다. 나는 장두루 할아버지 옆에 앉아 내가 만든 탕수육을 한 점 먹어 보았다. 정말 맛있었다. 거짓말이 아니다. 이걸로 장사를 해 봐?

드디어 축제 날이다. 전날부터 만반의 준비를 했기 때문에 당일엔 서두르지 않아도 되었다. 축제는 점심 식사 후에 본격적으로 시작된다. 하지만 우리 요리반은 부모님과 손님들을 위해 육개장을 준비해야 했기 때문에, 요리 선생님과 10시부터 식당에서 재료를 다듬고 밥을 안치고 삶은 고기를 찢는 등 기본 준비를 해야 했다. 대신 요리반은 점심 식사 후에는 자유 시간이다. 부모님은 10시도 안 돼 도착해서 주변을 둘러보며 내 일이 끝나기를 기다렸다.

강당에서는 겨울 캠프 기간 동안 활동한 내용이 동영상으로 제작되어 상영되고 있었다. 1시간 20분짜리 다큐로 제작했다는데, 전날 우리는 미리 시사회를 열어 감상했다. 40분은 그동안 활동한 내용들을 정리한 것이고, 40분은 캠프에 참여한 각자가 하고 싶은 말을 1분 동안 이야기한 것을 그대로 편집한 것이다. 처음 영상을 볼 때는 환호성을 지르던 아이들도 후반부에 각자 하고 싶은 말을 하는 영상이 나올 때는 조용해졌다. 어떤 학생들은 코를 훌쩍이며 눈물을 흘리기도 했다. 나 역시 다른 친구들의 영상을 보면서 '참 아픔이 많았구나.' 하는 생각을 했다. 이 영상은 축제 날 내내 강당에서 상영할 예정이다.

드디어 점심 식사 시간, 밑반찬으로 겉절이와 단무지를 곁들인 육개장을 대접하는 시간이다. 요리반 아이들은 배식대에서 각자 맡은 역할대로 밥을 푸고, 반찬을 올리고, 육개장을 담아 봉사를 했다. 식당에는 학생들과 학부모, 손님들로 북적였다. 요리 선생님이 앞에 나가서 겨울 캠프에 참여한 요리반 아이들이 만든 음식이라고 말하자, 다들 맛있다며 박수를 쳐 주었다.

식사를 마치고 나는 부모님과 함께 특별활동 전시장을 돌았다. 우선 과학 발명반에 들러 저녁 캠프파이어 시간에 띄어 올릴 연등을 만들었다. 각자 소원을 적는 시간에는 부모님도 나도 소원을 가리고 적었다.

매 시간마다 시작할 때 15분씩 불타는 꽃돼지 밴드가 운동장 한편에 마련된 간이 무대에서 흥을 돋우었다. 때마침 내가 좋아하는 노래 반주가 흘러나와서 나는 부모님과 함께 무대 쪽으로 나아갔다. 〈카오스〉란 노래인데, 전주 부분의 몽환적이고 싸이키델릭한 연주가 조용한 솔로 기타 연주로 바뀌면서 노래가 시작되는 부분은 언제 들어도 신선했다. 특히 리드 보컬을 맡은 형은 그 모습 자체가 '불타는 꽃돼지'였다. 뚱뚱한데도 넘치는 파워로 관중을 사로잡았다.

아주 오래전, 이 세상이 만들어지기 전
이 세상에 중앙에 카오스가 살았네

평화롭고 친절한 카오스
활발하고 고요한 카오스
그러던 어느 날
남쪽 바다에서 친구가 찾아왔네
북쪽 바다에서도 친구가 찾아왔네
카오스는 이 친구들을 훌륭히 대접했지
넘치지도 모자라지도 않게
아쉽지도 질리지도 않게

친구들은 떠나면서
카오스에게 선물을 주었네
이 세상을 볼 수 있는 구멍과
이 세상을 들을 수 있는 구멍과
이 세상을 들이쉴 수 있는 구멍과
이 세상을 맛볼 수 있는 구멍들을
그렇게 구멍이 뚫리자
카오스는 죽고 말았네

갑자기 사운드가 장중해진다. 강한 비트가 반복되며 후렴구가
이어진다.

구멍을 뚫지 마 제발 뚫지 마
나는 나로 만족해 네 멋대로 바꾸지 마

네가 좋아서 한 건 알아

그건 나도 너무 잘 알아

그래도 그만해 나는 나로 만족해

나를 죽이지 마

나를 바꾸지 마

나를 죽이지 마

나를 바꾸지 마

나는 나로 만족해

나는 이대로 좋아

나는 혼돈의 왕

나는 카오스

듣고 있던 아이들은 모두 후렴구를 따라 불렀다.

"나를 죽이지 마. 나를 바꾸지 마. 나를 죽이지 마. 나를 바꾸지 마. 나는 나로 만족해. 나는 이대로 좋아. 나는 혼돈의 왕. 나는 카오스."

내가 따라 부르는 모습을 지켜본 부모님은 이 노래가 뭐가 좋냐고 물었다. 나는 잘은 모르겠지만, 들으면 공감이 되고, 청소년들의 마음을 잘 드러내는 노래인 것 같다고 말했다. 다음 노래 〈기절초풍〉도 재미있지만, 영후 형이 있는 목공 전시실로 가 봐야겠다는 생각이 들었다. 다른 친구들은 부모님이 왔는데, 영후 형 혼자서 외로워할 것 같았다.

목공 전시실 문을 열자, 예상대로 많은 친구들이 부모님들에게 자신이 만든 작품에 대해 이러쿵저러쿵 설명하고 있었다. 나는 구석에서 혼자 있는 영후 형에게 부모님을 모시고 가서 인사를 시켰다.

"안녕하세요. 이영후입니다."

"그래, 네가 우리 민주가 만날 영후 형, 영후 형 하는 그 학생이구나. 고맙다. 네 덕분에 민주가 아주 즐겁게 캠프 생활을 했다고 하더라."

영후 형은 씩 웃으며 나를 바라봤다. 나는 영후 형 작품을 보면서 영후 형을 부추겼다.

"형, 작품 설명 좀 해 봐요. 혹시 알아요? 마음에 들면 우리 부모님이 살지."

"그래, 어디 작품 설명 좀 해 봐라."

아버지가 나를 거들어 줬다. 형이 작품을 가리키며 설명했다.

"여기 내려와서 만든 작품은 세 점입니다. 하나는 추상 작품이고, 다른 하나는 실용 작품이지요. 다른 하나는 아직 미완성이라서 전시를 하지 않았습니다. 여기 이 작품은 '나'라는 주제로 만든 작품인데요, 산속에서 뒤틀린 나뭇가지를 찾아내어 가지를 다듬고 니스 칠을 해서 세워 봤습니다. 아무리 쓸모없는 나무라도 이렇게 예술적인 눈으로 보면 귀하고 쓸모 있다는 것을 표현하려 했습니다."

나는 나도 모르게 "와!" 하고 감탄했다. 아버지도 영후 형의 설명을 듣고 고개를 끄덕였다. 엄마는 박수를 치며 좋아했다.

"제가 보기에는 정말 근사한 작품인 것 같아요. 저 뒤틀린 나뭇가지가 오히려 더 역동적이고 생명력이 넘쳐 보이는데요."

"그런 것 같구려. 이 작품은 얼마에 경매를 붙일 생각이니?"

"만 원부터 시작해 보려고요."

"알았다. 이따가 내가 꼭 입찰하마."

"감사합니다."

나는 영후 형이 건축가의 자질만 있는 것이 아니라 예술가의 자질도 가지고 있구나 하는 생각을 했다.

"다음으로 실용 작품은 나뭇결을 살려 만든 원형 필통인데요, 이것은 비매품입니다."

나는 놀라며 물었다.

"벌써 팔렸어?"

"아니, 너 주려고 만든 거야."

형은 나에게 필통을 내밀었다. 필통은 단순히 나무를 잘라서 만든 작품이 아니라, 나뭇결을 따라 돋을새김을 해서 나뭇결의 모양을 더욱 두드러지게 만든 것이었다. 책상에 세워 놓고 연필이나 볼펜을 꽂아 두면 아주 근사할 것 같았다. 영후 형이 나를 위해서 이렇게 공들여 만들었구나 생각하니 코끝이 찡했다. 나는 선물을 준비하지 못했는데. 내가 이렇게 생각이 짧구나.

나중에 영후 형의 작품은 아버지에게 10만 원에 낙찰되었다. 출품한 작품 중에서 최고가였다.

내 안에 혼돈을 두라

『장자』 내편의 마지막인 7편의 제목은 「응제왕」(應帝王)이다. 풀이하자면 '제왕의 자격'이란 뜻이다. 왕의 자격은 무엇인가? 요즘 말로 바꾸어, 위대한 리더가 될 자격은 무엇인가? 장자에 따르면 그것은 학식도, 권세도, 재물도, 명예도 아니다. 도리어 모든 것을 비우고 겸손하게 낮아짐으로써 참 자유를 얻은 사람이다.

「응제왕」편의 첫 번째 일화는 설결과 그의 스승 포의자의 대화로 시작된다. 대화 말미에 스승 포의자는 이렇게 말한다.

> 태씨는 누워 잘 때는 느긋하고, 깨어 있을 때는 덤덤하여, 때로는 스스로 말[馬]이 되고 때로는 스스로 소가 되기도 한다. 그 앎은 실로 믿음직하며, 그 덕은 아주 참되다. 그는 옳고 그름의 경지에 빠져 있지 않다.

리더의 자격치곤 아주 소박해 보인다. 하지만 포의자는 이 태씨가 요순

시대의 순 임금보다 더 뛰어나다고 말한다. 순 임금은 임금 자리에 앉아 변하지 않고 인(仁)이라는 기준으로 사람을 끌어모으려 했다면, 태씨는 스스로 변화되어 말이 되기도 하고 소가 되기도 한다. 높고 낮음의 경지, 인간과 동물의 차별이 사라져 버린다. 귀한 존재나 천한 존재가 구별되지 않고 평등하게 공존한다. 게다가 태씨는 하나의 가치로 선과 악을 구분하고, 그것을 기준으로 사물을 판단하지 않는다.

또한 장자는 노자의 입을 빌어 진정한 왕의 경지를 노래하기도 한다.

> 밝은 왕[明王]의 다스림이란, 그 공적이 천하를 덮어도 그것을 자기가 한 것으로 여기지 않고, 변화시키는 힘이 만물에 미쳐도 백성들이 그에게 굳이 기대려 하지 않는 것이다. 무슨 일을 하든지 사람들이 그 이름을 들먹이지 않는 것은 그들이 스스로 한 것으로 알고 기뻐하기 때문이다. 이런 사람은 헤아릴 수 없는 경지에 서 있고, 없음의 세계에 노니는 것이다.

자신을 드러내는 사람이 아니라 남을 드러내는 사람, 공로가 아무리 많아도 결코 빼기지 않는 사람, 사람들을 부리는 리더가 아니라 사람들이 스스로 일할 수 있도록 조건을 만드는 사람, 하나의 성공에 만족하는 것이 아니라 부단히 변화에 대처하는 사람, 기존 세계에 갇혀 있는 사람이 아니라 새로운 세계에서 즐겁게 놀 줄 아는 사람. 이런 사람이 진정한 리더이다. 그러므로 리더란 우리가 흔히 생각하듯 지배자나 권력자가 아니다. 자신이 삶의 주인이면서 남도 주인 되게 하는 사람이다. 그 결과 모두가 자신의 삶의 리더가 된다. 리더가 더 이상 필요로 하지 않은 상태가 되는 것, 그것이

리더의 최종 목표이다.

진정한 리더는 변화무쌍한 사람이다. 그런 사람은 일정한 틀에 갇혀 있으면 죽게 된다. 진정한 리더는 고정관념에 사로잡혀 있지 않다. 그래서 겉으로 보기에는 혼돈처럼 보이기도 한다. 「응제왕」 편의 마지막 일화는 바로 혼돈 이야기이다.

> 남쪽 바다의 임금을 숙(儵)이라 하였고, 북쪽 바다의 임금을 홀(忽)이라 하였고, 그 중앙의 임금을 혼돈(混沌)이라 하였습니다. 숙과 홀이 때때로 혼돈의 땅에서 만났는데, 혼돈은 그때마다 그들을 극진히 대접했습니다. 숙과 홀은 혼돈의 은덕을 갚을 길이 없을까 의논했습니다.
>
> "사람에겐 모두 일곱 구멍이 있어서 보고 듣고 먹고 숨 쉬는데, 오직 혼돈에게만 이런 구멍이 없으니 구멍을 뚫어 줍시다." 했습니다. 하루 한 구멍씩 뚫어 주었는데, 이레가 되자 혼돈은 죽고 말았습니다.

보고 듣고 먹고 숨 쉬는 것은 생명의 기본에 속한다. 장자가 이를 모를 리가 없다. 장자가 이야기하고 싶은 것은 이에 대한 거부가 아니다. 장자가 거부하는 것은 특정한 삶의 방식, 획일적인 삶의 방식으로 보고 듣고 먹고 숨 쉬는 것이다. 사람을 자유롭게 하는 것이 아니라면 그것이 아무리 일사불란하게 질서 있는 것이라도 결국 죽음을 낳을 수밖에 없다. 돈을 중시하는 사회나 입시를 강조하는 교육 같은 것들이 그렇다.

'혼돈 이야기'는 기독교의 성서 「창세기」에 나오는 창조 이야기와는 정반대이다. 기독교의 신은 혼돈에서 질서를 만들어 간다. 그리고 그것이 아름답다고 평가한다. 하지만 『장자』는 혼돈에게 질서를 부여하자 7일 만에 죽고 말았다고 말한다.

질서를 아름답다고 말하는 사람이 있다. 하지만 그 질서가 독재가 만들어 놓은 질서라면 어떨까? 획일화된 가치에서는 그 어떤 창의도 나오지 않는다. 창의는 다양성의 부닥침과 만남을 통해 생겨나는 것이다. 그래서 진정한 삶의 리더는 하나의 질서보다는 다양한 혼돈을 선호한다. 나와 다른 것을 두려워하지 않는다. 우리 안에 혼돈을 두자.

결(結)

축제의 하이라이트인 캠프파이어 시간이 되었다. 운동장 한가운데 커다랗게 쌓아 놓은 장작더미에 불이 붙자, 어두워지던 주변이 환해졌다. 모두들 모닥불 주변으로 모여들었다. 불꽃에 비친 얼굴들이 붉게 상기되어 있었다.

장두루 할아버지가 마이크를 잡았다.

"오늘 축제가 끝나면 내일 수료만 남았습니다. 3주 동안 아이들이 얼마나 변했을지 저도 모릅니다만, 아이들의 모습을 보면서 자랑스럽다는 생각을 했습니다. 모든 아이들이 자신이 무엇을 원하는지 물어보고, 자신이 하고 싶은 일을 찾아서 마음껏 해보는 시간을 가졌습니다. 이 겨울 캠프 활동이 아이들의 미래를 결정하는 데 좋은 씨앗이 되리라 확신합니다. 자, 이제 여러분의 소원을 담은 연등을 하늘에 날려 보내는 시간입니다. 각자 연등을 꺼내 심지에 불을 붙이고 연등을 부풀려 주시기 바랍니다."

다들 연등의 심지에 불을 붙이고 연등이 부풀기를 기다렸다. 할아버지가 주위를 둘러보면서 말했다.

"그러면 제가 셋까지 외치겠습니다. 셋 하는 순간 자신의 소원을 말하며 연등을 하늘로 날려 주시기 바랍니다. 준비됐죠? 하나, 두울, 셋!"

셋 소리에 맞춰 연등이 하늘로 오르기 시작했다. 100개가 넘는 연등이 하늘을 수놓는 장면은 그야말로 장관이었다. 모두들 환호성을 지르며 연등을 한없이 쳐다보았다.

"자, 이제 캠프 동영상을 보신 분들은 자녀분들과 자유롭게 보내시고, 아직까지 동영상을 보지 못하신 분들은 이제 강당에서 마지막 동영상 상영이 있을 예정이니, 강당으로 자리를 옮겨 주시기 바랍니다. 이제부터 자유 시간입니다. 즐겁게 보내십시오."

나는 부모님과 함께 동영상을 보러 강당으로 자리를 옮겼다. 영후 형에게 같이 가자고 우겨서 함께 갔다. 강당에는 50여 명이 자리를 차지하고 있었다. 나는 두 번째 보는 영상인데도 순간순간이 새롭게 떠올랐다. 영후 형도 앞자리에 앉아 말없이 동영상을 감상하고 있었다.

50분쯤 지나자 내가 말하는 부분이 상영되었다. 나는 창피해서 얼굴이 붉어졌다.

"저는 일산에서 온 김민주입니다. 이제야 이야기하지만 장두루 선생님은 저의 할아버지입니다. 할아버지 덕분에 캠프에 참

여할 수 있게 돼서 정말 기쁩니다. 이번 캠프를 통해 저는 제가 요리에 재능이 있다는 사실을 알게 되었습니다. 기회가 된다면 여기 청소년 농부학교에 입학하여 제 꿈을 더욱 구체적으로 키우고 싶습니다.

그리고 저에게 이런 기회를 마련해 주신 부모님께 감사드립니다. 남들은 중3이 되면 겨울방학에 다 학원에 다니는데, 저는 좋은 엄마 아빠를 만나서 이렇게 즐겁게 겨울방학을 보내네요. 제가 이곳에서 배운 요리 실력으로 집에 가면 부모님께 맛있는 음식을 많이 해 드릴 겁니다. 엄마 아빠, 사랑해요."

마지막엔 심지어 하트 모양까지 그리고 있는 내가 참 어색했다. 엄마는 내 옆에서 내 손을 꼭 쥐고 나를 보고 웃었다. 몇몇 아이들의 동영상이 지나고 드디어 영후 형의 동영상이 시작되었다.

"저는 처음에 이곳에 놀려고 왔습니다. 곧 고3이 되지만 공부하기가 끔찍하게 싫었거든요. 집 형편도 어려운데 엄마는 나만 보면 돈 걱정 말고 열심히 학원 다니고 공부도 열심히 해서, 아버지같이 되지 말고 좋은 대학에 가라고 말씀하셨습니다. 나는 엄마 말씀이 싫었습니다. 저는 저만의 인생이 있는데, 엄마는 항상 저와 아버지를 비교했습니다. 지금은 같이 살지도 않는 아버지는 엄마의 입을 통해 항상 제 그림자처럼 따라다녔습니다.

사실 여기 온 것은 가출한 것이나 마찬가지였어요. 그런데 이곳에 와 목공을 배우고, 황토방을 지어 보고, 한옥 공부도 하니까 너무 좋았습니다. 생전 처음으로 무언가 하고 싶은 일이 생겼어요. 고3이 돼도 방황하지 않고 살 자신이 생겼습니다.

사실 엄마는 나를 뒷바라지하시느라 일을 두 개나 하세요. 낮에는 보험 설계사를 하시고, 밤에는 마트에서 일하십니다. 나는 얼른 커서 건축가가 되어 집도 짓고 엄마를 편하게 모시고 싶습니다. 아버지와 비교되는 삶이 아니라 나만의 삶을 살면서 엄마와 행복하게 사는 것이 내 소망입니다. 엄마, 사랑합니다. 제 걱정 너무 하지 마세요."

어디선가 훌쩍거리는 소리가 들려왔다. 나는 주위를 둘러보았다. 뒷자리에서 한 아주머니가 눈물을 훔치며 일어나 영후 형 쪽으로 걸어왔다. 그러고는 영후 형 옆자리에 말없이 앉더니 영후 형을 꼭 안아 주었다. 직감으로 영후 형 엄마라는 걸 알 수 있었다.

영후 형의 얼굴에서는 말없이 눈물이 흐르고 있었다. 나도 감정이 복받쳐 올라 나도 모르게 눈물이 흘러내렸다. 우리 엄마 아빠도 마찬가지였다. 그렇게 하루가 뭉클하고 뜨겁게 지나가고 있었다.

***

다음 날 아침 수료식은 간단히 끝났다. 강당에 모여 수료증을 받고, 다 같이 모여 기념사진을 찍는 순서를 마지막으로 모두 뿔뿔이 흩어졌다. 교실이나 운동장에서 기념사진을 찍는 사람들이 몇몇 있었지만, 어제 축제 때 충분히 즐거움을 만끽하고 사진도 찍은 터라 순식간에 학교가 조용해졌다.

나와 우리 부모님, 영후 형과 영후 형 엄마가 교무실로 장두루 할아버지를 찾아갔다. 영후 형 엄마는 여러 차례 할아버지에게 고개를 숙이며, 영후 형을 잘 돌봐 주셔서 감사하다고 했다. 할아버지는 영후 형 어머니에게 영후 형을 이곳 학교로 보내는 게 어떻겠냐고 말했다. 할아버지가 책임지고 공부를 시켜서 영후 형이 원하는 삶을 살 수 있도록 도와주겠다고도 했다.

영후 형 엄마는 얼굴이 환해지면서 할아버지에게 고맙다고 다시 인사했다. 할아버지는 나와 영후 형의 손을 꼭 잡으며, 조만간 다시 보자고 했다. 우리는 큰 소리로 "네!" 하고 대답했다.

운동장에 세워 놓은 차에 각자 오르기 전에 나는 영후 형과 힘차게 포옹을 했다. 그리고 조용히 이야기를 나눴다.

"형, 봄 학기에 보자."

"그래, 너도 잘 가라."

"그런데 형, 형이 미완성이라고 출품하지 않은 작품은 언제 보여 줄 거야?"

"사실은 완성했어."

"혹시 형 엄마 얼굴 아니야?"

"자식, 눈치 하나는 정말 빠르다니까."

"형, 일산에 가서 연락할게. 게임 한판 하자."

"그래, 꼭 연락해라."

우리가 이야기를 나누고 있는 사이에 부모님도 영후 형 엄마와 인사를 나누며 서로 전화번호를 교환하고 있었다. 나는 차 뒷좌석에 앉아 큰 소리로 "자, 출발!" 하고 외쳤다. 아빠는 "옛썰!" 하며 시동을 켰다. 창문을 열고 다시 한 번 할아버지에게 인사했다. 할아버지는 환하게 웃으며 떠나는 우리를 향해 계속해서 손을 흔들었다.

마을을 벗어날 즈음, 나는 아침에 받은 수료증을 꺼내 그 안에 쓰인 내용을 찬찬히 다시 읽었다.

유명해지지 않아도 괜찮다.
똑똑하지 않아도 괜찮다.
많은 일 하지 못해도 괜찮다.
잘 몰라도 괜찮다.
행운이 와도 괜찮다.
불행이 와도 괜찮다.

오는 것을 맞이하고,
가는 것을 막지 마라.
너무 마음 쓰지 마라.
세상을 견뎌 내고 상처 받지 마라.

과거를 후회하지 말고
미래를 두려워하지 말고
오늘을 살아라.

너를 이해하고
세상을 사랑하라.

친구와 더불어

아름다움을 가꾸어라.

장두루 할아버지의 수료식 인사말이 수료증에 또렷이 새겨져 있었다. 나는 창문을 열고 밖을 향해 "좋다!" 하고 외쳤다. 앞산도 내 말을 되울리며 "좋다!" 하고 따라 했다.

저자 후기

『장자』는 많은 영감을 주는 책이다. 다른 고전과는 달리 이야기 성격이 강하고, 그 이야기들은 세상을 전혀 다른 시선으로 볼 수 있게 해 준다. 게다가 장자라는 인물은 참 매력적이어서 작가라면 누구나 소설화해 보고 싶은 마음이 들 만하다. 나 역시 그랬다. 그래서 장자를 현대로 불러내어 이야기로 만들어 보았다.

『장자』라는 책은 33편으로 구성되어 있으며, 그중에서 내편에 해당하는 7편은 장자가 직접 쓴 것으로 알려져 있다. 이 소설『장자, 아파트 경비원이 되다』의 중간 제목들은 모두 장자 내편의 제목을 본뜬 것이다.『장자』에는 수많은 우화들이 등장한다. 붕새 이야기나 원숭이가 등장하는 조삼모사 이야기, 호랑나비 이야기, 소를 잡는 백정 이야기, 싸움닭 이야기, 혼돈 이야기 등은 모두 우리의 상식을 뒤집는다. 당연하다고 생각되는 것이 의심 받고, 낯선 것이 새롭게 해석된다. 나는 소설 속에서 이 이야기들을 소개하고 그 현대적 의미를 찾아보려고 했다.

장자(莊子, 기원전 369?~기원전 286?)는 이름이 주(周)이고, 맹자와 동시대인으로 전국시대(기원전 403~기원전 221) 사람이다. 송나라 몽 지방에서 칠원(漆園)의 관리를 지냈으며, 평생을 권력을 멀리한 채 가난하게 살았다. 중국 전역이 전쟁에 휩싸여 여러 나라가 멸망하는 것을 목도한 장자는 자유와 평등의 세계를 꿈꾸며 자연과 평화롭게 공존하는 사상을 일구었다.

만약 장자가 오늘날에 살아간다면 아파트 경비원쯤이 좋을 것 같다고 나는 생각했다. 물론 소설 구성상 철학을 가르치는 교육자로도 설정하긴 했지만. 장자가 추구한 것은 직업에 상관없이 당당하고 지혜롭게 살아가는 사람이다. 그런 분이라면 사실 얼마든지 많다. 어릴 적 전통시장 좌판에 앉아서 콩나물을 팔던 아주머니, 새벽에 누구보다 일찍 일어나 거리를 치우는 청소부 아저씨, 쉼 없이 우편물을 나르는 우편배달부, 야채 가게 아저씨, 구둣방 할아버지, 우리는 그저 스쳐 지나지만, 그분들이 있어서 우리가 이렇게 편하게 살고 있는 것이다.

실제로 장자는 그러한 평범한 사람들을 아주 소중하게 여겼다. 『장자』를 보면 위대한 사람들은 조롱거리가 되고, 평범하다 못해 천한 일을 하는 사람들이 주인공의 자리를 차지한다. 실로 평민의 철학이라 할 만하다. 장자는 이 세상이 위대한 사람들이 아니라 평범한 사람들에 의해서 더 나아진다고 믿는다. 생각해 보라. 거리나 건물의 청소부가 없다면, 아파트에 경비원이 없다면 어떻게 될까?

나라가 어지럽다. 역사는 이러한 시대를 '난세(亂世)'라고 말했다. 청소년들은 공부하느라 힘들고, 청년들은 직장 구하느라 힘들고, 장년들은 직장에서 해고당하지 않으려고 힘들고, 노인들은 할 일 없이 늙어 가느라 힘들다. 주변을 둘러보면 모두들 어렵고 힘들다고 말한다.

장자는 이 어지러운 세상을 살아가는 지혜를 우리에게 알려 준다. 쓸데없는 욕심을 좇느라 몸과 정신을 어지럽히지 말고, 자유롭게 살아가라고 말한다. 나 혼자 잘났다고 우쭐대지 말고, 다 함께 돕고 살아가라고 이야기한다. 힘든 길을 갈 때에는 서로 도와가며 가야 한다. 남을 해치면 반드시 자신에게도 위험이 닥친다. 위대한 지도자를 찾는 것보다 자신이 삶의 주인이 되는 것이 훨씬 중요하다. 장자는 우리 삶의 주인공은 바로 우리 자신이라고 말한다. 남의 얘기에 휘둘리지 말고, 자신이 원하는 길을 가자.

내 주변에는 자유롭고 당당하게 살아가는 사람들이 많다. 농사를 지어본 경험이 전혀 없지만 나이가 들어 생태적인 도시농업을 시작한 소설가들이 있다. 이제는 농사일이 익숙해져서 먹을거리를 자급자족하고 더러는 채소며 곡식을 나누기도 한다. 직장은 없지만 마을 일을 즐겁게 하는 백수 청년들도 있다. 이들은 진정 마을의 보배다. 대학은 필수가 아니라 선택이라고 생각하는 청소년들 또한 늘어나고 있다. 실은 내 아들 둘이 그런 경우다. 큰아들은 애니메이션을, 작은아들은 농업을 배우고 있다. 나

는 성공과 승리를 위해 살아가는 사람보다 서로 사랑하고 서로
돕는 사람들이 미래를 더욱 환하고 자유롭게 만들 것이라 믿는
다. 이 책 또한 그러한 역할을 하는 데 조금이라도 도움이 되었으
면 좋겠다.

아름다운 세상을 꿈꾸며
2017년 1월, 자유청소년도서관에서
김경윤